Ulrich Mattner
Im Frankfurter Bahnhofsviertel

Ulrich Mattner

# Im Frankfurter Bahnhofsviertel

## 50 Highlights für Szenegänger

Die Angaben und Informationen in diesem Buch sind aktuell recherchiert und vor Drucklegung sorgfältig überprüft worden. Trotzdem ist darauf hinzuweisen, dass sich Telefonnummern, Öffnungszeiten und andere Angaben im Lauf der Zeit ändern können.

Immer fünf Sterne? Die für dieses Buch sorgfältig ausgewählten Adressen sind nach subjektiver Überzeugung des Autors die besten im Bahnhofsviertel. Alle können in ihrer Kategorie uneingeschränkt empfohlen werden. Nicht auf eine vergleichende Bewertung kommt es hier an, sondern auf den Wechsel von Ambiente und Erlebnisfaktor. Autor und Verlag sind für Hinweise der Leser offen und dankbar.

Bildverzeichnis
14, 15     Chez IMA
56         Walon & Rosetti
167/168    Roomers
171, 173   Hotel Villa Oriental


Alle Rechte vorbehalten • Societäts-Verlag
© 2013 Frankfurter Societäts-Medien GmbH
Satz: Nicole Ehrlich, Societäts-Verlag
Umschlaggestaltung: Nicole Ehrlich, Societäts-Verlag
Umschlagabbildung: Ulrich Mattner
Druck und Verarbeitung: CPI – Ebner & Spiegel, Ulm
Printed in Germany 2013
ISBN 978-3-95542-034-5

# Inhalt

## Kult + Kultur

# Auf der Suche nach der zu findenden Zeit

Der Journalist Ulrich Mattner nennt viele Ehrungen und Preise sein Eigen. Was ihn obendrein auszeichnet, ist, dass man ihn getrost das Auge des Frankfurter Bahnhofsviertels nennen darf. Mattner ist hier, neben seinen anderen journalistischen Arbeiten, in den letzten Jahren unermüdlich unterwegs gewesen und stellt nun sein zweites Buch über das Frankfurter Bahnhofsviertel vor, einen Stadt- und Kulturführer.

Der breite Bilderkanon, den Mattner präsentiert, lässt vermuten, dass etwas Neues im Entstehen begriffen ist. Wie viele Nationen, Sprachen und Kulturen an dem beteiligt sind, was sich hier formt, ist Nebensache, hauptsächlich lässt sich spüren, dass hier so etwas passieren könnte, wie das Entstehen einer neuen Kultur.

Seit der Zeit, als der Hauptbahnhof vor 125 Jahren im freien Feld weit vor der Stadt gebaut wurde und sein Viertel hervorrief, ist im Spannungsbogen zwischen den Wallanlagen und dem neoklassizistischen Monumentalgebäude ein Konglomerat aus Nationen und Sprachen entstanden, ein metropolitaner Mikrokosmos, den Mattner beschreibt und abbildet.

Exakt verbalisieren lässt sich hier nicht alles; da fehlen noch Erfahrung im Prozess und daraus resultierende Vokabeln. So wie sich ein anderer auf die Suche nach der verlorenen Zeit gemacht hat, ist Mattner in die andere Richtung unterwegs, um vielleicht eines Tages eine neue

Zeit zu finden. Der Vorgang scheint ihn in seinen Bann gezogen zu haben, je mehr er erfährt, desto sicherer kann er am Ende sein, dass er nicht alles weiß.

So eindimensional, wie der Stadtteil als Rotlichtquartier nur allzu oft beschrieben wird, ist er eben gerade nicht. Und Mattner setzt genau die Plastizität und Vielfalt unserer Straßen, Restaurants, Gebäude und Etablissements gekonnt ins Bild. Je mehr er und andere forschen, desto mehr tut sich auf. Mattners Buch ist Einblick und Ausflug in eine Welt, die viel verspricht. Und eines Tages wird man sehen, was sie hält.


Oskar Mahler
Stadtteilbildhauer des Frankfurter Bahnhofsviertels

# Gastro

# Gute Laune pur

## 1

Chez IMA

Künstler, Musiker und DJs treffen sich im Chez IMA. An Kupfertischen inmitten von Sofakissen, mit Fell bezogenen Stühlen und roten Stehlampen. Das stylische Restaurant des Designer-Hotels „25 Hours tailored by Levis" bietet gute Laune pur. Immer freundlich und cool gedresst, erfüllt das Pesonal schnell und zuvorkommend jeden Wunsch. Inhaber ist die famose „IMA-Clique" der Brüder James und David Ardinast, die seit vielen Jahren mit frischen Ideen die Frankfurter Gastroszene entzücken.

Die Speisekarte bietet eigens kreierte Rezepte, Saucen und Gewürzmischungen verschiedenster Kochkulturen.

Spezialitäten sind zarte Steaks und frische Meeresfrüchte, die am Tisch gebraten werden. Alles bruzzelt auf heißen Steinen. Die F.A.Z. schrieb darüber jüngst: „Eine unbeschwerte Quer-durch-die-Welt-Küche aus Top-Zutaten, als kochten Leute, die etwas davon verstehen, für Freunde, die gutes Essen zu schätzen wissen."

Aus der Küche kommen Spezialitäten für jeden Geldbeutel. Etwa Currywurst mit Süsskartoffel oder die IMA-Starterplatte. Gehobene Ansprüche erfüllen „Yellow Fin Thunfisch Sashimi" mit Chili-Ingwer-Relish oder „Tenderloin Carpaccio" mit gehobeltem Parmesan, wildem Ruccola und Trüffelöl. Eine Verführung ist die Dessertkarte „Sweetest Taboo". Zum Beispiel zweierlei Pancakes auf heißem Stein mit Eiscrème oder lauwarmer Bananentarte mit Vanilleeis. Alles kommt getreu dem Credo der IMA-Betreiber auf den Tisch: „Unsere Gerichte sind mehr als nur Speisen, sie sind Leibspeisen."

Brüder Ardinast

Live-Diner mit Soulmusik

Atmosphäre: *****
Küche: *****
Draußen sitzen: ja
Preise: normal bis gehoben
Tipp: vorher reservieren
Highlight: freitags „Live-Dinner" mit tollen Bands (siehe Website), sympathischer, flippiger, schneller Service
Adresse: Niddastraße 58
Telefon: 069 / 256 677 280
Speisekarte: www.imaworld.de
Öffnungszeiten: montags bis freitags Frühstück 7 bis 11 Uhr, mittags 11.30 bis 15 Uhr, abends 18 bis 22.30 Uhr, sonntags Frühstück 8 bis 12 Uhr und Abendessen 18 bis 22.30 Uhr

# Wie im Urlaub

## 2

Merkez Restaurant

Den besten Kebab gibt's bei Merkez. Das schrieben die Tester der BILD. Kebab macht stark. Vermutlich war deshalb auch die türkische Ringer-Nationalmannschaft zu Gast. Vor 30 Jahren als Café eröffnet, ist das Restaurant heute für türkische und mediterrane Spezialitäten bekannt. Der Weg dorthin war nicht einfach. Inhaber Bayram Göhtekin gehört zu denen, die am längsten im Viertel sind. In den wilden 80er Jahren wagte er sich nicht selten nur mit Pistole im Sakko in sein Lokal. „Dagegen ist das Viertel heute ein Paradies", sagt er. Die Polizei hatte damals zum Schutz der Türken sogar eine Sondertruppe gebildet. Später kamen die Dealer. Der Anblick von Drogengeschäften vor seiner Tür war

nicht unbedingt das, was Bayram seinen Gästen zumuten mochte. Unbelehrbare Rauschgifthändler bat der breitschultrige Mann in sein Büro. Eine Standpauke, manchmal auch inklusive Schwitzkasten, verdeutlichte den Ernst der Lage. Es fruchtete. Gedealt wird heute vor dem Lokal höchstens noch in den frühen Morgenstunden.

Inzwischen bietet Merkez gefühlt 1.001 Gerichte. In der Küche mit dem großen Steinofen schauen die Gäste den Köchen beim Lammfleischschneiden, Fischfiletieren und Anrichten der Salatplatten zu. Am schönsten ist es draußen. Dort sitzt man wie im Urlaub – mit Blick auf

Desserts auf Türkisch

das bunte Gewimmel der Kulturen in der Münchener Straße. Die Speisekarte reicht von „Humus" (Kichererbsen-Püree) über „Sis Kebab Dürüm" (Lammspieß in hausgemachtem Blätterteig) bis zu „Sucuklu Kasarli Pide" (Teigschiffchen mit Knoblauchwurst und Käse). Die meisten Spezialitäten stellt Merkez selbst her.

Wer es weniger türkisch, sondern italienisch mag, geht ins Messina Ristorante Pizzeria gegenüber. Das italienische Lokal gehört gleichfalls zu Merkez. Dort sitzt man draußen ebenso schön wie mitten im Leben. Und man kann bei

Ahmet spricht sieben Sprachen

Ahmet Erisik italienische Spezialitäten auf Italienisch, Spanisch, Türkisch und in vier anderen Sprachen bestellen. Von diesem Talent beeindruckt, widmete ihm die türkische Zeitung Hürriyet jüngst einen großen Artikel.

| | |
|---|---|
| Landesküche: | ***** |
| Auswahl: | ***** |
| Preise: | günstig bis gehoben |
| Tipp: | draußen sitzen |
| Highlight: | schönste Ecke an der Münchener Straße |
| Adresse: | Münchener Straße 33 |
| Telefon: | 069 233 995 |
| Speisekarte: | www.merkez.info |
| Öffnungszeiten: | täglich 8 bis 2 Uhr |

# Sweets und Ladyfinger

## 3

## Akmal Sweet Center & Fastfood

Günstiger geht es in Frankfurt kaum: 5,50 Euro kostet das teuerste Gericht. Seit fast 30 Jahren kocht Mohammed Akmal mit seiner stets in pakistanischer Landestracht anzutreffenden hübschen Frau in der Elbestraße. Bescheiden, emsig und immer freundlich – das sind die Attribute, die sein Lokal „Akmal Sweet Center & Fastfood" prägen. Inzwischen hat es sich rumgesprochen, wie gut das pakistanische Essen im eher unscheinbaren Stehimbiss ist. Aus drei Fleischgerichten (zweimal Lamm und einmal Hähnchen) und elf vegetarischen Mahlzeiten besteht das Angebot. Eine Spezialität des Hauses, der Samosa-Teller (zwei erbsengefüllte Teig-

taschen mit Kichererbsen, Tomaten, Zwiebeln, Rettich und zwei verschiedenen Soßen), geht sogar für nur 3,50 Euro über den Ladentisch.

„Ladyfinger" bzw. pakistanisch „Bhindi" heißt eine weitere Köstlichkeit. Die bohnenähnlichen Okra-Schoten bereitet das Lokal mit Tomaten und Zwiebeln zu. Der Begriff Fastfood wirkt in Deutschland etwas irritierend und hat nichts mit amerikanischen Fastfood-Ketten gemein. Alle Speisen bereitet das Lokal morgens vor der Öffnung und abends nach Ladenschluss zu. Bei Kindern beliebt sind die Sweet Boxes, das Kilo ab 8,00 Euro. Wie Mohammed das Wunder vollbringt, jeden Tag mit seinem alten blauen VW-Kombi einen der wenigen und deshalb hart umkämpften, kostenlosen Parkplätze im

Mohammed Akmal

Köstlichkeiten aus Indien und Pakistan

Bahnhofsviertel zu ergattern, bleibt sein Geheimnis. Vermutlich liegt es daran, dass er als einer der dienstältesten Gastronomen alle Tricks der Parkplatzsuche kennt.

| | |
|---|---|
| Landesküche: | ***** |
| Preise: | kein Gericht mehr als 5,50 Euro |
| Tipp: | Samosa bestellen |
| Draußen sitzen: | nein |
| Highlight: | Riesentheke mit asiatischen Sweeties |
| Adresse: | Elbestraße 22 |
| Telefon: | 069 233 180 |
| Öffnungszeiten: | montags bis freitags 11.15 bis 18.30 Uhr, samstags 11.15 bis 17.30 Uhr |
| Speisekarte: | www.akmalsweets.com |

# Safari-Lodge

## 4

## Im Herzen Afrikas

Afrika beginnt schon in der Gutleutstraße. Draußen Strohsonnenschirme über Holztischen,
drinnen Sand und Beduinenzelte. Gegessen wird
zum Teil auf der Erde. „Im Herzen Afrikas" ist vielleicht
das außergewöhnlichste Lokal im Bahnhofsviertel. Ein
bisschen Kara Ben Nemsi und Ali Baba, ein bisschen
Baumhaus und Zulu-Kraal; dazu Hochsitze, Kronleuchter und verzierte Säulen einer ehemaligen Uniform-
schneiderei – fertig ist der exotische Stilmix.

Genuss mitten in der Wildnis. Die Wüste lebt – aber
ohne tierisches Gesumme und Gekrabbel. Schneller kann
man sich kaum aus dem Alltag entführen lassen: Auf
dem Sandboden sitzend, im Kerzenschein, ein Duft wie

in der Savanne, wenn am Horizont glutrot die Sonne ihr heißes Tagwerk beginnt. Klänge zum Träumen. Und auf der Zunge zergehen kulinarische Köstlichkeiten aus der eritreischen Familienküche.

Asmorom Teckie und seine Crew bereiten täglich frisch eingekaufte Zutaten per Hand zu. Zu allen Gerichten reichen sie „Ingera", ein spezielles Brot aus Weizen-, Mais- und Milomehl. Frisch in der Pfanne gebacken erleichtert es das Hantieren von „Hamli" (Spinat), „Zigni" (Fleisch) und „Alicha" (Kartoffeln). Afrikanische Weine und Biersorten, Softgetränke, afrikanische Säfte, Tee und Mokka – alle Getränke harmonieren mit den Speisen. Es empfiehlt sich, zu reservieren. Reservierungszeiträume: von 18 Uhr bis 21 Uhr und von 21 Uhr bis 23 Uhr.

Genuss im Kerzenlicht

Feines Essen auf Sand

Erlebnis:            *****
Landesküche:         *****
Preise:              normal
Tipp:                ins Baumhaus klettern
Highlight:           Sandboden – die Wüste lebt (und
                     schmeckt)
Adresse:             Gutleutstraße 13
Telefon:             069 242 460 80
Öffnungszeiten:      täglich 18 bis 1 Uhr
Speisekarte:         www.im-herzen-afrikas.de

# Bauchtanz und Derwisch

## 5

L'Emir

An Freitag- und Samstagabenden schwingt sich die bekannte Bauchtänzerin Djamila durch das Restaurant L'Emir oder Derwisch Bondok wirbelt zwischen den Tischen. Und wer es lieber etwas ruhiger mag, zieht sich zurück in den Shisha-Raum und genießt dort eine Wasserpfeife und eine Tasse Mocca. Das exzellente Restaurant unter der Regie von Gamal Hanafi zelebriert unverfälschte libanesische Küche. Der Gast wählt zwischen knapp 100 Gerichten. Das Konzept ist so erfolgreich, dass sein Besitzer im Mai 2013 ein noch anspruchsvolleres Restaurant im Jumeirah-Hotel eröffnet

hat. Weil Araber Mahlzeiten als gemeinschaftliches Ritual schätzen, bestellt nicht immer jeder für sich. Man wählt gemeinsam aus und wenig später ist der Tisch wie in tausendundeiner Nacht mit vielerlei Köstlichkeiten gedeckt.

So genießen die Gäste an einem einzigen Abend einen kulinarischen Streifzug durch den Libanon – von herrlich duftenden Meza (Vorspeisen) bis hin zu Spezialitäten vom Lamm oder vegetarischen Hauptgerichten. Bei den Vor-, Haupt- und Nachspeisenbuffets wählt der Gast aus bis zu 25 Spezialitäten. So startet er etwa mit Kichererbsencreme, Sesamcreme oder gefüllten Teigtaschen mit Lammfleisch. Es folgen Stubenkücken in „geheimnisvol-

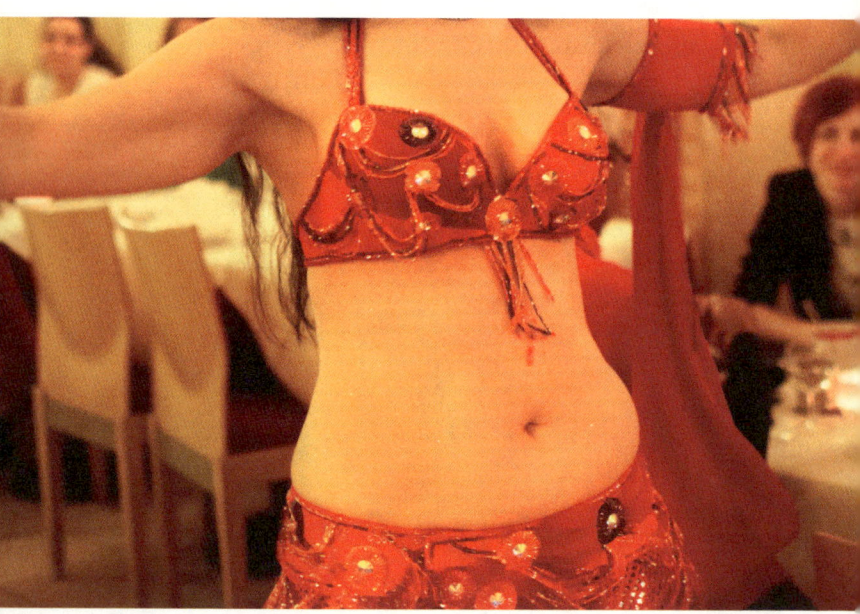

Freitags und samstags Bauchtanz

ler" Sauce mit buntem Paprikagemüse und Lamm „im Ganzen mit libanesischen Gewürzen, im eigenen Saft gebacken, auf Reisbett mit gehacktem Lammfleisch, Mandeln, Pistazien und Pinienkernen". Die kulinarische Libanonreise runden als Nachtisch etwa Pudding mit Orangenblütenwasser, Granatapfelsirup und Pistazien sowie Obstsalat mit Nüssen, Rosenwasser und Mangosirup ab.

| Atmosphäre: | ***** |
|---|---|
| Landesküche: | ***** |
| Draußen sitzen: | ja |
| Preise: | normal bis gehoben |
| Tipp: | Büffet quer durch den Libanon |
| Highlight: | Bauchtanz und Derwisch (freitags und samstags) |
| Adresse: | Weserstraße 17 |
| Telefon: | 069/24 00 86 86 |
| Öffnungszeiten: | täglich von 7 bis 15 Uhr und 18 bis 24 Uhr |
| Speisekarte: | www.lemir.de |

# Süße Drogen

## Eiscafé Fontanella

G enau genommen verkauft „Fontanella" kein Eis, sondern Köstlichkeiten mit Suchtfaktor. Wer einmal von den mehr als 30 Sorten probiert hat, wird leicht zum Eiscreme-Junkie. Das hat im Jahr 2010 auch die Fachwelt honoriert und zeichnete die Eisdiele während der Internationalen Fachmesse für das Speiseeisgewerbe als eine der zehn traditionsreichsten Eisdielen in Deutschland aus. Keine Eisdiele in Frankfurt hat mehr Erfahrung. Fontanella residiert schon seit 55 Jahren in der Kaiserstraße. Damals feierte der Eis-Maestro mit einer bahnbrechenden Innovation Premiere: er verkaufte seine bunten Kugeln zwischen zwei Waffeln. Anderswo war es noch üblich, für das Eis eigens eine Schale mitzubringen.

Michelangelo Michelien und seine Tochter Jessica bereiten heute das Eis größtenteils immer noch so zu wie damals; nach alten italienischen Rezepten mit frischer Milch, frischem Obst und Zucker. Vanille-Eis verfeinern Bourbon- und Tahiti-Vanillestangen. Eine Verführung ist das Schokoladeneis aus drei Kakaosorten. Berühmt sind Fontanellas Haselnuss-Eis und die eigens kreierten Köstlichkeiten Zartbitter, Rhumba, Mozart, Cookies, Yogurette sowie Tiroler Strudel und Walnuss.

Hinzu kommen Eisbecher wie Cocobello, Pavesini oder Coppa Siliciana. Alles genießen die Gäste auf der großen Terrasse im Schatten der Bäume mit Blick auf die Flaneure der Kaiserstraße. Und wenn auch ein bisschen Lokalpatriotismus mitspielen mag, ist es gewiss nicht übertrieben, wenn man Fontanella zum Besten zählt, was es hierzulande in puncto Eisgenuss gibt.

Michelangelo Michelien und Tochter Jessica

Mehr als 30 Eissorten

| | |
|---|---|
| Eis: | ***** |
| Zutaten: | ***** |
| Draußen sitzen: | ja |
| Preise: | günstig (Kugel ab 0,90 Euro) |
| Tipp: | Haselnuss probieren |
| Highlight: | preisgekröntes Eis |
| Adresse: | Kaiserstraße 36 |
| Telefon: | 069 / 242 470 72 |
| Öffnungszeiten: | täglich von 9.30 bis 22 Uhr |
| Karte/Infos: | www.eisfontanellafrankfurt.de |

# König der Münchener

## Alim

Manche sagen, Alim sei der König der Münchener Straße. Immerhin gehören ihm zwei Supermärkte, ein Fisch-Imbiss und ein Fischgeschäft sowie seit neuestem noch ein weiterer Imbiss inklusive Frischfischgeschäft im Gallus. Der geschäftstüchtige Türke expandiert und expandiert. Man wartet gespannt auf den nächsten Coup. Vielleicht ein türkisches Restaurant, dass sich aus den Metzgereien und den Gemüse- und Obstangeboten seiner Supermärkte speist.

Zunächst war es nur ein Supermarkt, dann folgte ein zweiter. Als nächstes kam die Eröffnung eines Fischgeschäfts – mit viel frischem Fisch und sonstigem Mee-

resgetier, dekorativ auf Eis liegend. „Wenn ich schon guten Fisch verkaufe, dann kann ich auch einen Fisch-Grill aufmachen", dachte sich Alim. Er mietete das benachbarte Geschäft hinzu und eröffnete im Jahr 2010 seinen legendären Fisch-Grill. Der lief auf Anhieb so gut, dass Alim kurze Zeit später seinen Fischladen halbierte, um mehr Platz für seine Imbissgäste zu gewinnen. Insbesondere mittags und am frühen Abend ist es nicht leicht, dort einen Platz zu bekommen. Als kleine Entschädigung fürs Warten haben die Gäste draußen an den hohen Tischen freien Blick auf das exotische Gewimmel in der Münchener Straße, die an dieser Stelle vielleicht am schönsten ist.

Der Fisch-Imbiss ist nicht gerade gemütlich. Dafür stimmt das Preis-Leistungsverhältnis. Drei Euro für die köstliche Fischsuppe und acht Euro für gegrillte Dorade, Barsch oder Lachs. Einschließlich Bratkartof-

Legendärer Fischgrill

Türkische Versuchung

feln und Salat – das ist in Frankfurt fast unschlagbar.
Die Restaurant-Tester von „Frankfurt geht aus" platzier-
ten Alims Fisch-Grill 2012 in der Kategorie Imbiss auf
Platz eins. Wenn das nicht Potenzial für die weitere
Expansion bietet.

| | |
|---|---|
| Genuss: | ***** |
| Lage: | ***** |
| Draußen sitzen: | ja |
| Preise: | günstig bis normal |
| Tipp: | Fischsuppe probieren |
| Highlight: | Fisch-Imbiss mit Kultfaktor |
| Adresse: | Münchener Straße 35-37 |
| Telefon: | 069 271 346 90 |
| Öffnungszeiten: | montags bis samstags 9 bis 22 Uhr, sonntags 11 bis 21 Uhr |

# Emilia Romagna

## 8

## InCantina

Hätte die italienische Provinz Emilia Romagna eine Botschaft, es wäre das „InCantina" in der Taunusstraße. Botschafter wäre Daniele Morini. In den schönen hellen Räumen am Fuße des Skyper-Turmes serviert er ausgesuchte Spezialitäten aus Bologna, Parma und Modena. Blickfang ist die modern gestylte Glaskühlkammer in der Mitte des Lokals. Dort lagern Parmaschinken verschiedener Reifegrade, erlesene Käsesorten und dazu passende Konfitüren sowie Olivenöle, Essig aus Modena und anderen Delikatessen. Ein Teil der Lokalwände dient als dekorative Bühne für das große Weinangebot.

Das Konzept des InCantina ist etwa so, als würde ein Verband hessischer Bauern und Kelterer ein Bistro in Bologna eröffnen, um den Italienern Apfelwein und Grüne Soße schmackhaft zu machen. Das Lokal arbeitet eng mit 240 lokalen Weinbauern zusammen, die sich in der Enoteca Regionale Emilia Romagna organisiert haben. Sie produzieren mehr als tausend Weine. Die Besten genießen Besucher des InCantina gemeinsam mit Piadine (belegtes warmes Fladenbrot), Rotoli (Teigrollen mit Gemüse, Fleisch und Salaten) und anderen Spezialitäten.

Das Besondere des Lokals ist die Kombination aus Bistro, Weinladen und Feinschmeckergeschäft. So kann man gute Weine zum Essen probieren und sie mit einem Abschlag von bis zu 25 Prozent mit nach Hause nehmen. Preislich beginnt die Weinkarte im Lokal bei einem „Colli di Imola" für 14,95 Euro. Sie reicht über fünf Preisstufen vom „Einsteiger" bis zum „Wein-Enthusiasten". In der höchsten Kategorie ab

Zum Käse gibt´s passende Konfitüre

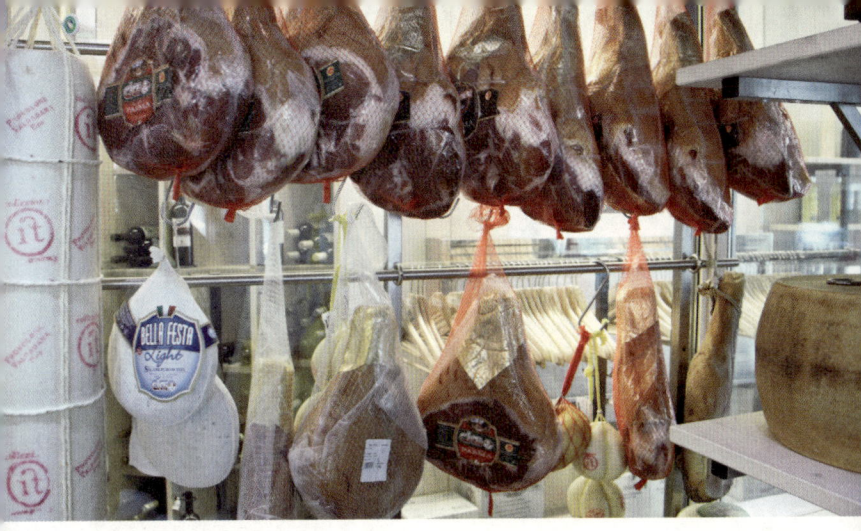

Parmaschinken verschiedener Reifegrade

30,00 Euro stehen etwa ein „Colli di Rimini" oder ein „Sangiovese di Romagna" zur Wahl. Wer möglichst viele Weine probieren möchte, bucht eine Weinprobe. Sie kostet zwischen 33,00 und 38,00 Euro, je nachdem, was als Speisen dazu gewünscht wird. Das Flair Italiens kommt ganz umsonst hinzu.

| | |
|---|---|
| Genuss: | ***** |
| Wein: | ***** |
| Draußen sitzen: | ja |
| Preise: | normal bis gehoben |
| Tipp: | Vorspeisen probieren |
| Highlight: | Botschaft des guten Geschmacks |
| Adresse: | Taunusstraße 6 (unter dem Skyper) |
| Telefon: | 069 240 087 90 |
| Öffnungszeiten: | montags bis samstags von 11 bis 22 Uhr |
| Informationen: | www.incantina.org |

# Swinging Ballroom

## Orange Peel

Unscheinbarer geht es kaum: Das versteckt in einem Hinterhof der Kaiserstraße 39 beherbergte Orange Peel ist für viele ein Insidertipp. Dies liegt vielleicht daran, dass der vielseitige Club mit den zwei Bühnen schon lange seine eingeschworene Fangemeinde und viel Werbung nicht nötig hat. Zum abwechslungsreichen Programm gehören Live-Bands und Partys mit angesagten DJs. Ein Renner sind die kostenlosen Salsa-Tanz-Partys für Anfänger ebenso wie für geübte Tänzer am Sonntagabend. Dienstags ist Blues-Time. Dann stehen mit Thommie Harris & Friends fünf Virtuosen auf der Bühne und laden andere Blues-Musi-

ker zur Session ein. Auch dieser Abend hat längst seine eigene Fangemeinde.

Ins Orange Peel kommt ein altersmäßig breit aufgestelltes Publikum. Beliebt sind die „Wild Cat Nights" an jedem vierten Samstag im Monat mit Rock'n'Roll und Rockabilly-Musik, bei denen oft Live-Bands den Saal zum Rocken bringen. Gleiches gilt für die „Harlem Nights". Sie holen das New York der 30er Jahre mit der Atmosphäre der „Swinging Ballrooms" ins Bahnhofsviertel. Darüber hinaus reicht das Programm von Funk über Elektronica bis hin zu Rock- und Weltmusik. Hinzu kommen Lesungen, Diskussionsabende und schräge Theaterstücke. Seit Kurzem erlebt der Club auch Klassik-Abende. So begeisterten jüngst Streichquintette des HR-Sinfonieorchesters in der angesagten Location, die früher mal eine Tanzschule war.

Eintritt frei: Blues Night

Samstags ist Partytime

| | |
|---|---|
| Musik: | ***** |
| Programm: | ***** |
| Niveau: | ***** |
| Draußen sitzen: | nein |
| Preise: | normal |
| Tipp: | Blues-Night, Dienstag abends (kostenlos) |
| Highlight: | Programm: mehr Abwechslung geht kaum |
| Adresse: | Kaiserstraße 39 |
| Telefon: | 0152-54085537 |
| Öffnungszeiten: | dienstags und donnerstags ab 21 Uhr, freitags und samstags ab 23 Uhr, sonntags ab 20 Uhr, jeweils bis in die späten Nacht- oder frühen Morgen- stunden |
| Infos: | www.orange-peel.de |

# Ata's Künstlertreff

## 10

Plank

Zuerst kamen die Künstler – dann kam das Plank als neuer Treff der Szene. Schon vor der Eröffnung gelang Betreiber Ata Macias ein Coup: „The Drummer is the second most fucked Member of the Group", schrieb der Frankfurter DJ, Künstler und Gastronom während des Umbaus an die Bar. Jeder rätselte, was es damit wohl auf sich haben könnte. Erst bei der Eröffnungsparty lüftete Ata das Geheimnis: Der Spruch galt dem Namensgeber des Plank. Gemeint ist der legendäre Elektromusikproduzent Conny Plank, den Ata als leidenschaftlicher Discjockey wegen seiner raffinierten Sounds verehrt. An den 1984 verstorbenen Soundtüftler erinnert auch dessen Schlagzeug auf einem schwarzen Podest über der Bar.

Das Plank ist eine Erfolgsstory. Freitags und samstags ist es abends innen kuscheleng und vor der Tür tummeln sich bis zwei Uhr nachts zuweilen hundert und mehr Gäste. Kennzeichen: schick-schrilles, super-cooles oder betont lässig-modisches Outfit. Viele sind Künstler, Kuratoren, Galeristen oder Museumsleute. Hier treffen sich der weltbekannte Bildhauer Tobias Rehberger, Star-Dirigent Paavo Jährvi und andere Prominente aus Kunst und Kultur. In den Händen ein gutes Glas Rotwein oder ein Bier Marke „Tannenzäpfle". Kein Wunder also, dass Ata Mitte 2013 angesichts des Ansturms expandierte und sein stylisches Lokal mit einem Durchbruch in den hinzugemieteten Nachbarladen erweiterte. Der umtriebige Grieche, der früher mehrere Jahre über dem Plank-Vorgänger „Kronprinzeneck" wohnte, ist Erfolg gewohnt. Er managt gemeinsam mit Partnern auch das weltweit als Spitzenclub bekannte und vielfach international ausgezeichnete „Robert Johnson" in Offenbach sowie den Club Michel in

Süße Verführungen sind Ata´s Spezialität

Tagsüber Café, abends Künstlerbar

der Münchener Straße und neuerdings auch das gleichnamige Restaurant im Museum für Moderne Kunst.

| | |
|---|---|
| Musik: | ***** |
| Kult: | ***** |
| Flirtfaktor: | ***** (vorausgesetzt Mann/Frau hat eine kreative Ader) |
| Draußen sitzen: | ja |
| Preise: | normal bis gehoben |
| Tipp: | Gebäck probieren (Vorsicht: Sucht-gefahr!) |
| Highlights: | Treffpunkt der Frankfurter Kunst-szene/kostenloses Wasser mit Ros-maringeschmack an der Bar |
| Adresse: | Elbestraße 15 |
| Telefon: | 069 / 269 586 66 |
| Öffnungszeiten: | montags bis donnerstags von 11 bis 1 Uhr, freitags und samstags von 11 bis 2 Uhr, sonntags geschlossen |
| Infos: | www.barplank.de |

# Cocktail-Paradies

## 11

Walon & Rosetti

Wo früher im „Café Uludag" die Leere gähnte, ist heute ein gefragter Szenetreff: Henry Walons und Radu Rosettis schicke Bistro-Bar „Walon & Rosetti" prägt das neue Image des Bahnhofsviertels als trendige Ausgehmeile. Beide Inhaber haben in Frankfurt schon Gastronomie-Geschichte geschrieben. Radu gründete das King Kamehameha und zuvor die Havanna Bar, Henry ist Betreiber des „Sugar" in der Berger Straße. Das Interior ihrer Bar ist eine gelungene Symbiose aus skandinavisch anmutenden Design-Akzenten und dunkelgrünem Edelbar-Ambiente. Den außergewöhnlichen Kontrast erzielen helle Massiv-Holztische und dunkelgrüne Wände. Scheinwerfer setzen die Innen-

architektur raffiniert in Szene. Alles wirkt von leichter Hand arrangiert und verdankt seinen einzigartigen Effekt einer gut durchdachten Formensprache ohne Schnickschnack.

Im Sommer trifft man sich draußen, schaut auf das Multikulti-Treiben und genießt die Auswahl exzellenter Cocktails. Etwa den „Krakow Tea", gemixt aus Kamillentee, Wodka, Apfelsaft und frischer Minze. Oder einen „Frankfurt Sour" aus Amaretto, Zitronen- und Apfelsaft. Highlights der Küche sind „Ceviche vom Heilbutt" mit Avocado, Chilli, Koriander und Tomate und „Taglaita" mit Salsa Verde und hausgemachten Fritten. Gleiches gilt für das „Longboard Surfer Baguette" mit gegrilltem Pulpo. Das Walon & Rosetti ist für sein interessantes Publikum bekannt. Zu späterer Stunde ist kaum ein Platz mehr frei. Hierbei spielt bestimmt eine Rolle, dass die Bar bei der perfekt gestylten Weiblichkeit offenbar besonders

Henry und Radu

Streetlife und Cocktails

gefragt ist. Dies ist bestimmt dem Charme von Radu zu verdanken, der jeden Gast auf seine liebenswerte Art persönlich willkommen heißt.

| | |
|---|---|
| Ambiente: | ***** |
| Atmosphäre: | ***** |
| Flirtfaktor: | ***** |
| Draußen sitzen: | ja |
| Preise: | normal bis gehoben |
| Tipp: | „Frankfurt Sour" probieren |
| Highlight: | alles ist schön |
| Adresse: | Moselstraße 15 |
| Telefon: | 069 257 559 73 |
| Öffnungszeiten: | montags bis samstags 17 bis 2 Uhr |
| Infos: | www.walon-rosetti.com |

# Karibische Nächte

## 12

## Latin Palace Changó

Vom Frankfurter Hauptbahnhof ist es nur ein Katzensprung – und schon steht man mitten in der Karibik. Wer daran zweifelt, braucht nur am Freitag- oder Samstagabend in den Latin Palace Changó zu kommen. Zunächst wird man über die Heerscharen perfekt gestylter Latinas und Latinos staunen, die nach Mitternacht die Münchener Straße bevölkern. Zwei Stunden und länger stehen sie um diese Zeit vor dem Tanzparadies Schlange. Innen pulsiert lateinamerikanisches Partygefühl. Es ist wie Zauberei: Kaum dringen die ersten Salsa-Rhythmen ans Ohr, beginnen selbst weniger eingefleischte Salsa-Liebhaber mit den Hüften zu schwingen, den Fingern zu schnippen, und ein entspanntes Lächeln formt ihre Lippen.

Partys auf zwei Dancefloors

Mehr als tausend Partygäste durchfeiern im Changó die Nacht. Unermüdliche verlassen den Tanzpalast erst nach acht Uhr morgens. Anfangs bestand das Publikum fast ausschließlich aus Latinos. Mit dem Wandel des Bahnhofsviertels zum Trendstadtteil begeistern sich immer mehr deutsche Gäste für das ausgelassene Tanzvergnügen. Auf der riesigen, von roten Balkonen gesäumten Tanzfläche geben Salsa-, Merengue- und Bachata-Klänge den Ton an. Jeden Freitag gibt es dort von 21.30 bis 23 Uhr einen kostenlosen Salsa-Tanzkurs. Im zweiten Dancefloor oben heizen Black Beats und Reggaeton ein. Wer bei einem Mojito oder einer kubanischen Zigarre wieder zu Atem kommen will, sammelt neue Kräfte in der beheizten Outdoor-Lounge mit Südsee-Bar und Großleinwand. Sie hält über das Party-Geschehen im Inneren auf dem Laufenden.

Seele des Changó ist Inhaber Ferdinand Hartmann, ein freundlicher breitschultriger Hüne mit Faible für südliches Lebensgefühl, der jüngst zum Ehrenbotschafter der lateinamerikanischen Kultur ernannt wurde. Als junger

Mann reiste er lange durch Südamerika und lebte mehrere Jahre in Miami. Dabei infizierte er sich mit dem „Salsa-Virus", brachte es nach Deutschland und startete zunächst in Bad Homburg mit dem Salsa-Club „Octagon". Als sich die Gelegenheit bot, am Hauptbahnhof das um ein Vielfaches größere Changó zu eröffnen, griff Hartmann zu. Der 54-jährige Grafik-Designer kümmert sich um jedes Detail – vom Logo über die Lightshow bis zum stilechten Interior. Mit viel Liebe hat er die unter einem Nachkriegs-Mietblock liegenden Lokalitäten in ein Tanzparadies mit drei Cocktail-Bars und einem Restaurant für südamerikanische Spezialitäten verwandelt.

Zuvor residierte dort das „Maier Gustl's Oberbayern", ein Telefon-Flirt-Lokal, das in keinem Reiseführer über Frankfurt fehlen durfte. Telefonisch bat Mann die Angebetete am Nebentisch um ein Tänzchen.

| | |
|---|---|
| Ambiente: | ***** |
| Flirtfaktor: | ***** |
| Tanzen: | ***** |
| Draußen sitzen: | ja |
| Preise: | normal |
| Tipp: | Fr. und Sa. kostenloser Salsa-Kurs |
| Highlight: | einer der größten und beliebtesten Latino-Clubs weltweit |
| Adresse: | Münchener Straße 57 |
| Telefon: | 069 -272 208 07 |
| Öffnungszeiten: | freitags und samstags ab 21 Uhr im Sommer und ab 20 Uhr im Winter (Open End bis in die frühen Morgenstunden) |
| Speisekarte/Infos: | www.latinpalace-chango.de |

## 13

# Der Mix macht's

Livity

Ofenkartoffel, Beauty und Cocktails – das soll funktionieren? Nicht wenige fanden das Konzept des „Livity" ziemlich mutig. Zumal Thuweba und Faruk anfangs auch noch Massage, natürlich ohne Happy End, im Programm hatten. In deren Heimat Kenia mag so etwas ja laufen, dachten die Skeptiker. Aber in Frankfurt? Längst haben die Geschwister Zweifler eines Besseren belehrt. So hat sich Frankfurts erstes BBB-Lokal (Bar-Bistro-Beauty) zu einem beliebten Treffpunkt gemausert, der schon fast kein Geheimtipp mehr ist.

Faruks riesige Ofenkartoffeln von einem Landwirt aus Kostheim sind inzwischen berühmt – serviert mit Chilli con Carne, mit Matjes, mit Tandoori, mit Kräutercreme, mit Tomaten-Mozzarella und vielen anderen Variationen. Zu den begeisterten Kunden gehören Frauen aus der Bankenwelt, die ihre Mittagspause möglichst effizient gestalten: Erst nehmen sie mit einer Ofenkartoffel „gute", die Figur schonende Kohlenhydrate zu sich. Dann lassen sie in Thuwebas kleinem Kosmetikparadies Make-up, Nagellack und Augenbrauen für den perfekten Auftritt auffrischen. Abends treffen sich vor allem jüngeren Leute und die Nachbarschaft im Livity. Teil des Erfolgs ist gewiss auch, dass Faruk für jeden Tag im Jahr einen anderen Cocktail parat hat. Und wenn ein Jahr um ist, fängt er einfach

Drinks, Beauty und Ofenkartoffeln

Thuweba und Faruk

wieder von vorne an. Oder erfindet sich neu, wie es das Livity gemacht hat.

| | |
|---|---|
| Vielfalt: | ***** |
| Atmosphäre: | ***** |
| Draußen sitzen: | ja |
| Preise: | günstig bis normal |
| Öffnungszeiten: | montags bis freitags 10 bis 19 Uhr, samstags 11 bis 17 Uhr |
| Tipp: | Ofenkartoffel probieren |
| Highlight: | einmalig in Frankfurt: Riesenkartoffeln, Drinks und Schönheit |
| Telefon: | 069 976 990 63 |
| Adresse: | Elbestraße 20 |
| Information: | www.livity-frankfurt.de |

# Biertürme und Karaoke

## 14.

O'Reilly's Irish Pub

Das Ende der Münchener Straße ist irisch. O'Reilly's Irish Pub gegenüber dem Hauptbahnhof präsentiert eine Welt für sich. Viel Holz, dunkel wie Guinness, und schummeriges Licht. Gesprochen wird Englisch und wenn man es nicht kann, versteht die Bedienung auch Deutsch. „We are the home of sports", heißt es in der Werbung des Pubs. Dies ist rein passiv zu verstehen. Über vier Großbildleinwände und acht Flatscreens flimmern Manchester United, Bayern München und die Frankfurter Eintracht. Wenn nicht gerade Fußball läuft, wird Karaoke gesungen. Feuchtfröhliche Stimmung garantieren Biertische mit Hähnen

zum Selbst-Zapfen, literweise Bier im Krug und „Beer Towers" mit drei Litern „Kilkenny" oder „Strongbow Cider" für 25,00 Euro. Der halbe Liter Guinness kostet 4,90 Euro

Zu essen gibt's typisches „Pub-Food ohne kulinarischen Höhenflug": hausgemachte Burger, Fish & Chips und gegrillte Würstchen. Irisches Frühstück kostet 10,50 Euro. Auf den Tisch kommen „two Slices of Irish Bacon, two Eggs, two Sausages, Mushrooms, baked Beans, grilled Tomato & Toast". Bangers and Mash (gegrillte Schweinswürstchen mit Kartoffelpüree, gegrillter Tomate und Zwiebel-Bratensoße) schlagen mit 11,50 Euro zu Buche. So erwartet den Besucher am Hauptbahnhof ein schönes Stück grüne Insel. Das dichte

Lovely Day for a Guinness

Irland-Flair am Hauptbahnhof

Gedränge zeigt, Multikulti im Bahnhofsviertel ist nicht nur asiatisch, afrikanisch und lateinamerikanisch, sondern auch irisch geprägt.

| | |
|---|---|
| Fußball: | ***** |
| Karaoke singen: | ***** |
| Draußen sitzen: | ja |
| Preise: | normal |
| Tipp: | Guinness testen |
| Highlight: | Sport auf vier Großbildschirmen und acht Flatscreens |
| Adresse: | Am Hauptbahnhof 4 |
| Telefon: | 069 264 878 78 |
| Öffnungszeiten: | sonntags bis donnerstags 12 bis 2 Uhr, freitags und samstags 11 bis 4 Uhr |
| Informationen: | www.oreillys.com/frankfurt/ |

# Hooligan Streetwear

## 15

## St. Tropez Bar

Wer eine der außergewöhnlichsten Locations in Frankfurt besuchen will, sollte hier klingeln. Die St. Tropez Bar residiert im ersten Stock der Moselstraße 15 über dem Wallon & Rosetti. Sie ist sowohl Heimat hartgesottener Eintracht-Fans als auch des Streetwear-Labels „Hooligan" (www.hooligan.de). Oben wird jeder persönlich begrüßt. „Jeder ist willkommen, der keinen Stress macht", heißt es auf der Website der stylischen Bar. Die Palette der Gäste umfasst „Schüler, Studenten, Arbeitslose, Normalos, Punker, Skins, Banker, Broker, Hools, Ultras, Künstler, Werber and so on". Rein dürfen natürlich auch die Fans anderer Vereine, aber: „Hausreligion" ist Eintracht Frankfurt – und diese gilt es zu ehren. Im St. Tropez kann man einen Schoppen trinken, Fußball schauen, kickern, darten und Partys feiern.

Bis Mitte der 90er Jahre dienten die Räumlichkeiten als Spielcasino. Bekannt wurden sie als Kulisse der Zockerszenen im preisgekrönten Rotlicht-Vierteiler „Der Schattenmann" von Dieter Wedel. Mit von der Partie waren Mario Adorf, Heinz Hönig und Heiner Lauterbach. Später verbot die Stadt das Zocken, was dem Glücksspiel zunächst keinen Abbruch tat. Schließlich zwangen Ordnungsschützer den „wilden Gottlieb", dem illegalen Treiben ein Ende zu setzen. Statt jedoch in öffentliche Spielhöllen zu wechseln und die Staatskasse am Gewinn zu beteiligen, zogen sich die Zocker in verschwiegenere Etablissements zurück.

Mit der Wiedereröffnung der St. Tropez-Bar im Jahr 1998 erfüllten sich Andy und Frank einen langgehegten Wunsch. Beide teilten schon immer die Meinung, jeder sollte einmal im Leben eine Bar eröffnen. Das taten sie denn auch. So vollbrachten sie das Meisterstück, das Rotlicht- und Zockerflair des versteckten Etablissements wiederherzustellen. Klingeln gehört nach wie vor zum Konzept. Nicht wenige bezeichnen die St. Tropez-Bar heute dank bordeaux-farbener Tapete, Jagdtrophäen, Kronleuchter sowie weiterer markanter Details als Frankfurts schönste Bar. Umso toller, dass man sie als ausgefallene Party-Location mieten kann.

Wildsau als Bar-Deko

Hausreligion ist Eintracht Frankfurt

| | |
|---|---|
| Erlebnis: | ***** |
| Kult: | ***** |
| Fußball schauen: | ***** |
| Preise: | günstig |
| Öffnungszeiten: | dienstags 15 bis 18 Uhr (wenn´s Spaß macht, auch mal länger), mittwochs bis freitags 15 bis 1 Uhr, samstags von 12 bis 18 Uhr, bei Eintracht-Spielen von früh bis spät |
| Tipp: | „Hooligan Streetwear" anprobieren |
| Highlights: | Eintracht siegen sehen und Äppler trinken (bei Niederlagen einfach doppelt so viel bestellen) |
| Adresse: | Moselstraße 15, erster Stock, bitte klingeln! |
| Telefon: | Anfragen nur über Mail: psi01@gmx.de (dann wird zurückgerufen) |
| Informationen: | www.st-tropez-bar.de |

Abenteuer

# In der „Khat-Ecke"

## „Kongo Bar" und Ashebr

Zu den schrägsten Bars gehört der „Clube Bibo na Biso" hinter dem Hauptbahnhof. Weil das kaum einer aussprechen kann und draußen auch kein Namensschild hängt, heißt der Club im Volksmund Kongo Bar. Publikum sind vorwiegend Kenianer und andere Schwarzafrikaner. Die Gegend gilt bei der Polizei als „Khat-Ecke". Dort kaut der eine oder andere zuweilen die leicht aufputschenden, in größeren Mengen verbotenen Blattspitzen der Khatpflanze. Für zart besaitete Naturen empfiehlt es sich eher, einen Bogen um diese Adresse zu schlagen. Wer hingegen ein bisschen Großstadtabenteuer erleben will, ist hier richtig – vorausgesetzt, das Publikum stimmt an diesem Abend.

Besonders nach Mitternacht trifft sich in der Bar ein bunt zusammengewürfeltes Völkchen Afrikaner mit ein paar schrägen Nachtschwärmern aus Frankfurt und dem Rest der Welt. Mittendrin der Wirt, dessen Look im krassen Kontrast zur Kleidung der Gäste steht: tipptopp gebügeltes weißes Hemd, schwarze Anzughose und dunkle Krawatte. Manchmal ist die Kongo Bar eine Bar wie jede andere auch. Manchmal geht es eher bizarr und skurril zu. Auf jeden Fall hat der Ort jenen Charme, wie ihn nur der Lauf der Zeit verleiht, wenn er viele Jahre ungehindert Spuren hinterlassen dürfen.

Eine ganz andere Welt öffnet das benachbarte Ashebr mit der gleichen Adresse, das den Namen seines Besitzers trägt. Das besonders bei Eritreern und Äthiopiern beliebte Lokal steht für einfache, gute und sehr preiswerte Küche vom Horn Afrikas. Das Linsengericht „Timtno" gibt es etwa für 6,00 Euro und scharfen „Zigniel Beli" Lammgulasch für 9,00 Euro. Dazu trinkt man vielleicht einen halben Liter Hefe- oder Kristallweizen für unschlagbare 2,50 Euro bzw. ein Bier für ebenso unschlagbare 1,50 Euro. Und wenn jene schwarze verwirrte Frau vorbeischaut, die im ganzen Bahnhofsviertel für ihre seltsamen Gesänge bekannt ist, bekommt sie auch einen Teller nach draußen gereicht.

Im Hinterzimmer spielen ältere Farbige eine eigenartige Variante des Poolbillards. Sie lochen die Kugeln

Billard ohne Queue

nicht mit dem Queue ein, sondern werfen sie mit der Hand. Auf dem Tisch stehen Mensch-ärgere-Dich-nicht-Figuren, die nicht getroffen werden dürfen. Die genauen Regeln bleiben ein Geheimnis der Spieler, die mit viel Spaß und höchster Konzentration bei der Sache sind. Das Ashebr ist bestimmt nicht jedermanns Sache. Wer aber mal die Küche vom Horn Afrikas probieren möchte, wie sie Eritreer und Äthiopier schätzen, der ist hier an der richtigen Adresse.

Blauweiße Tischdecken, bunte Wandkunst

| | |
|---|---|
| Abenteuer: | ***** |
| Landeskultur: | ***** |
| Publikum: | Schwarzafrikaner |
| Preise: | günstig |
| Adresse: | Ottostraße 19 |
| Tipp: | ein Tänzchen wagen |
| Highlight: | ein bisschen irgendwo in Afrika |
| Öffnungszeiten: | 18 Uhr bis Open End / Ahebr: 9.30 bis 0 Uhr |

## 17

# Von Nonne bis Hure

## Main Pension

„Uns kann nichts mehr schocken", versichert Karl Knoblauch, Spitzname „Knobi", einer von drei Portiers der Main Pension. Kaum einer kennt die verlorenen Seelen zwischen Rotlicht und Blaulicht so gut wie der frühere Mitarbeiter des Interkonti-Hotels. Die Main Pension bietet mit 24 Zimmern Monteuren und Messegästen, Dealern und Huren, gestrandeten Existenzen und Großstadt-Abenteurern ein günstiges Quartier. Zu Gast waren auch schon eine Nonne aus Chile, ein Handelsreisender aus Vietnam und „Mörder Mike", den im Bahnhofsviertel jeder kennt. Wer nur einmal hineinschnuppern möchte, um die raue Atmosphäre in der Elbestraße kennenzulernen, kann

schon für eine halbe Stunde einchecken. 15,00 Euro kostet der Spaß; Verlängerung auf eine Stunde macht 25,00 Euro. Eine weitere Verlängerung lohnt nicht, weil das Einzelzimmer über Nacht schon für 35,00 Euro zu haben ist. Und wenn nicht gerade viel los ist, bekommt man es gewiss noch etwas günstiger.

Den Kurzzeit-Tarif gönnen sich vor allem Pärchen für eine schnelle Nummer, die sich auf dem „Hartgeldstrich" gefunden haben. Auch Seitenspringer-Duos einschlägiger Datingportale nutzen das preiswerte Zimmerangebot. „Day-use" heißen die Kurzaufenthalte im Hoteljargon.

Geräuschempfindlichen ist die Herberge nicht zu empfehlen. Nicht von ungefähr bezeichnet das Frankfurter Stadtplanungsamt die Bewohner des Bahnhofsviertels gern als „robuste Mieter".

Weitere Quelle nächtlicher Geräusche ist das schummerige „Bel Ami" mit den hübschen Thai-Frauen drei Häuser weiter. Dort sind schon viele Männer abgestürzt.

Empfang mit verrückter Uhr

Bereit für „Day-Use"

Betrunken wanken sie zuweilen mit einem Lied auf den Lippen aus der rund um die Uhr geöffneten Milieukneipe. Manchmal pocht eine Ehefrau wütend gegen die vorsorglich verschlossene Tür, um ihren Gatten von der Theke loszueisen. Spätestens um 7 Uhr ist es sowieso vorbei mit der Nachtruhe. Dann dröhnen die bemannten Kehrmaschinen der Stadtreinigung über den Bürgersteig.

| | |
|---|---|
| Abenteuer: | ***** |
| Milieukunde: | ***** |
| Publikum: | quer durch den Garten |
| Preise: | günstig |
| Adresse: | Elbestraße 14 |
| Tipp: | Portier „Knobi" weiß alles |
| Highlight: | Bahnhofsviertel live im Übernachtungspreis inklusive |
| Telefon: | 069 / 253 501 |

# Mittendrin

18.

## Bistro Leierkasten

Die schönste Aussicht auf das Rotlichtleben im Bahnhofsviertel bietet das Straßen-Bistro Leierkasten: Gemütlich wummert eine schwere Harley vorbei. Dumpf blubbernd parkt eine Corvette ein. Geräuschlos breitet sie ihre Flügel(türen) aus. Von Ferne heult eine Polizeisirene, während am Stilaltbau gegenüber ein schwankender Messegast Halt sucht. Das grüne Licht einer Neonpalme wetteifert mit den Illuminationen der Lusttempel. Je später der Abend, desto mehr Prostituierte machen mal Pause. Sie gönnen sich einen Drink oder ein Sandwich draußen auf dem Asphalt. Zu noch späterer Stunde strippen vielleicht wieder ein paar durchgeknallte Transsexuelle auf dem Tresen der benachbarten Thai-Bar Café Elbe. Zuweilen geht es dort besonders ausschweifend her. An hei-

ßen Sommerabenden gleicht das Ende der Elbestraße einer Filmkulisse. Tatsächlich wurden dort Szenen des preisgekrönten Rotlicht-Vierteilers „Schattenmann" mit Mario Adorf sowie der ein oder andere Tatort gedreht.

Das Bistro Leierkasten gehört wie eine Art Wohnzimmer zum Crazy Sexy, mit 180 Zimmern das größte Bordell Europas. Für dessen Belegschaft und Mieterinnen sowie für viele andere Protagonisten der Szene fungiert es als Terrassencafé, Restaurant und Bar mit Panoramablick. Im Zentrum der längsten Bordellmeile Deutschlands trifft sich dort das halbe Rotlichtviertel und alles, was sonst noch dazu gehört. Hinter dem Tresen des Leierkastens steht Ilona. Sie hat die harten Männer, grell geschminkten Frauen und transsexuellen Schönheiten fest im Griff. Angesichts muskulöser, stark tätowierter Arme, breiter Schultern und zuweilen auch kahl geschorener Schädel mutet die Männerwelt hier recht abenteuerlich an. Dabei gibt es im Bahnhofsviertel kaum einen

Treffpunkt Rotlicht

In der Elbestraße ist immer „Luminale"

sichereren Platz. In diesem Teil der Elbestraße hat niemand Interesse daran, dass sein Geschäft durch Schlagzeilen über Handgreiflichkeiten getrübt wird. So lässt sich gerade hier, abseits der „Normalo-Welt", ein Teil Frankfurts erleben, den viele nur aus Spielfilmen kennen.

| | |
|---|---|
| Sightseeing: | ***** |
| Abenteuer: | ***** |
| Publikum: | Bahnhofsviertel pur |
| Preise: | Rumpsteak mit Beilage 13,00 Euro, Palatschinken mit Nutella 6,00 Euro |
| Tipp: | an Sommerabenden draußen sitzen |
| Highlight: | Treffpunkt der Rotlichtszene |
| Adresse: | Elbestraße 53 |
| Telefon: | 069 / 246 610 00 |
| Öffnungszeiten: | montags bis donnerstags und sonntags 10 bis 2 Uhr, freitags und samstags 10 bis 4 Uhr |
| Informationen: | www.leierkasten-frankfurt.de |

# Kleinstes Erotikkino

## 19

Jerome

Deutschlands kleinstes Erotikkino hat nur fünf Sitzplätze. Wer das „Jerome" nicht kennt, wird es kaum bemerken, so versteckt liegt es in der Elbestraße. „Mein Publikum ist männlich, schwul, metrosexuell und heterosexuell", schildert Inhaber Rolf Erb seine Zielgruppe. Und: „Man sollte Männer mögen, und wenn man sie auch nur betrachten will." Vor 35 Jahren residierte dort das „Geschäft für Ehehygiene". So hießen damals die Sex-Shops. Rolf Erb übernahm das Lädchen 2008 und baute es zum Kino mit kleinem Sexladen um. Es gibt die neuesten DVDs und Mann kann das eine oder andere Sextoy aus- oder anprobieren. Der Eintritt kostet 9,50 Euro. Das Jerome bietet nicht nur kleine Kinositzkabinen, sondern auch einige Stehplätze. „Im Stehen sieht man mehr – auch vom Geschehen vor den Bildschirmen", sagt Erb. Ein bisschen anders und offener sein, das hat in dem kleinen Kino Tradition. Hin und wieder zeigt es auch Kunstfilme, wie neulich, als die benachbarte Balkongalerie „Lampione" ins Jerome zur Vernissage einlud.

Das Jerome hat etwas Familiäres. Kaffee gibt's gratis. Willkommen ist jeder, ob 18 oder 80 Jahre. Pärchen verirren sich eher selten in das Lädchen mit den gelben Markisen am Eingang. Es geht nicht nur um Männer-Sex, sondern auch um gute Gespräche bis hin zur Lebenshilfe. So ist das Jerome das, was man im Internet eine Community nennt. Viele Gäste kennen sich schon ewig. Samstags ist Bundesliga angesagt. Während sich im übrigen Bahnhofsviertel alles vor den Bildschirmen der Kneipen drängt, verfolgen die Gäste im Jerome lebhaft diskutierend im Radio die Live-Übertragung aus den Arenen. Sonntags und zuweilen auch mittwochs trifft Mann sich von 12 Uhr an

Kino mit fünf Sitzplätzen

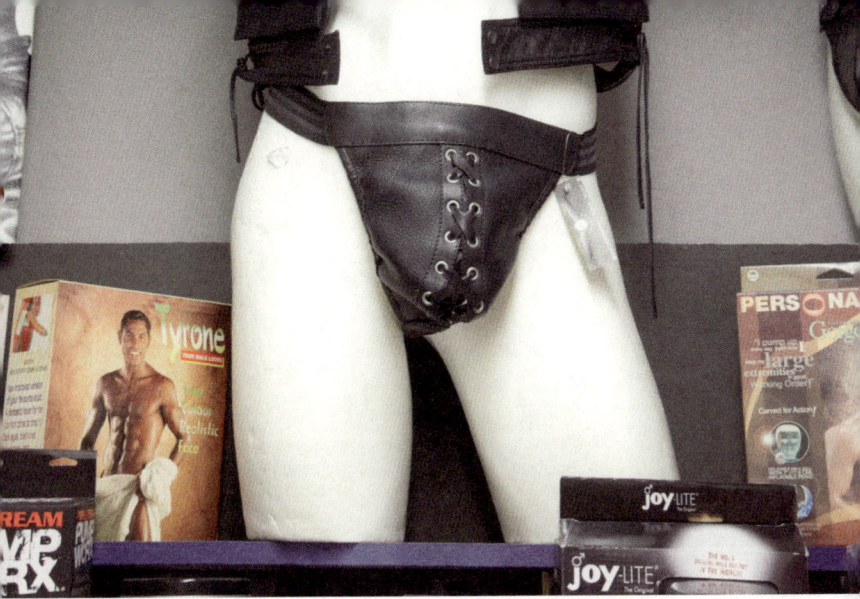

im Adamskostüm. Zur Beliebtheit des schwarz gestrichenen Kinos trägt bei, dass dort keine Stricher verkehren. Dies ist angesichts der Nähe des Männerstrichs am Bahnhof und in der Kaiserstraße fast schon ein Wunder. Aber dann wäre das Jerome nicht das, was es für viele Besucher ist: ein sympathisches Stück schwules Frankfurt.

| | |
|---|---|
| Abenteuer: | ***** |
| Tradition: | ***** |
| Publikum: | Männer |
| Preise: | günstig |
| Tipp: | Kaffee gibt´s gratis |
| Highlight: | familiäre Atmosphäre |
| Adresse: | Elbestraße 17 |
| Öffnungszeiten: | montags bis samstags 11 bis 23 Uhr, sonntags 12 bis 23 Uhr |

# Banker und Huren

Bodo's Bistro

Es gibt Menschen, die sollten sich lieber nicht in „Bodo's Bistro" wagen. Andernfalls könnte es ihnen leicht die Karriere verhageln. Zum Beispiel jene zweitausend Mitarbeiter der Deutschen Bahn, die jüngst in den frisch renovierten Silver Tower eingezogen sind. Kaum hatten sie sich im ehemals höchsten deutschen Wolkenkratzer niedergelassen, schlug in ihrer Hauspost eine Rund-Mail auf. Von höchster Stelle hieß es, man sehe es nicht gerne, wenn Beschäftigte in der Mittagspause oder nach Dienstschluss bei Bodo einkehrten. Das kleine Lokal sei keine gute Adresse. Hatte bisher kaum ein Bahner von dem unscheinbaren Milieutreffpunkt zu Füßen des Büroturms Notiz genommen, so war Bodo's Bistro plötzlich in aller Munde. Neugieriger hätte man die Mitarbeiter kaum machen können.

Bodos wilde Clique

„Uns gefällt auch das Unseriöse", sagt Bodo, Chef und Seele der Bar. Hier treffen sich zu nächtlicher Stunde alle – vom Banker bis zur Straßenhure, vom Nacht-schwärmer bis zur Halbweltgröße. Bei Bodo geht es zuweilen so lebhaft zu, wie in der alten Großmarkthalle, als sich früh morgens in der sogenannten „Muppet Show" alles einfand, was Kneipen, Bars und Clubs zur Polizei-stunde ausspuckten und noch in Feierlaune war.

Wenn Bodo die Seele ist, dann ist seine Frau Johanna die Säule des Geschäfts. Zu trinken gibt es bei ihr alles: vom „Hütchen" für 3,00 Euro bis zur Flasche Moet für 130,00 Euro. In puncto Schampus lassen Johanna und ihre Mitarbeiter bei Freunden des Hauses manchmal auch ein bisschen mit sich handeln. Richtig rund geht es, wenn ein paar Mädchen auf der Bar tanzen und Wencke Myhre aus der Musicbox „Ein knallrotes Gummiboot" trällert. Viele Gäste kommen aus dem Milieu und ebenso viele von außerhalb Frankfurts: aus dem Spessart, dem Vogelsberg, der Wetterau und sogar aus Gießen. Dort gibt es Taxifahrer, denen man den Weg zu Bodo nicht lange erklären muss. Man ist schließlich nicht der Erste, den sie dort hinfahren. Getreu Bodos Motto:

Wir sind nicht leicht zu finden,

aber wer uns findet, findet uns gut.

| | |
|---|---|
| Rotlicht: | ***** |
| Abenteuer: | ***** |
| Publikum: | Bahnhofsviertel pur |
| Preise: | günstig bis normal |
| Tipp: | nicht alles glauben, was die Frauen an der Bar erzählen |
| Highlight: | morgens um 5:00 Uhr treffen sich alle, die noch feiern wollen |
| Adresse: | Weserstraße 37 |
| Telefon: | 069 339 953 01 |
| Öffnungszeiten: | rund um die Uhr, an sieben Tagen in der Woche |

Verführung

# Lichtkunst am Laufhaus

Crazy Sexy

Beim Lichtkunstfestival Luminale wäre das Crazy Sexy gewiss eine Attraktion. Mit schrillen Schaufensterpuppen, tanzenden Frauenbeinen und schrägen Männerfiguren bietet das Freudenhaus die schönste Bordellfassade. Der Eingang zeigt, im Rotlicht herrscht auch Humor: „Komm" fordern vier gelbe Leuchtbuchstaben auf. Amüsanter kann man sein Geschäft kaum auf den Punkt bringen. In der Eingangshalle haben sich im Laufe der Jahre einige Kuriositäten angesammelt. Ein giftgrünes Trabbi-Cabrio etwa mit nackter Puppenschönheit als Kühlerfigur. Oder eine peitschenschwingende Domina mit einem vor ihr kriechenden nackten Mann am Zügel. Warum dies einmal aufgebaut wurde, keiner weiß es heute mehr genau.

Die Männer, die es hinauf zu den Frauen in den vier oberen Stockwerken zieht, haben kaum einen Blick dafür. Rush hours des Hauses sind mittags zwischen 12 und 14 Uhr sowie nach Feierabend. Von 23 Uhr an wird es ein bisschen ruhiger. Die meisten Prostituierten kommen aus Thailand und Südamerika; immer mehr auch aus Osteuropa. Deutsche Frauen sucht man heute meist vergebens. Die nach oben offene Preisskala beginnt bei 25,00 Euro. Mehr als zehn Minuten Spaß darf der Freier dafür nicht erwarten.

Freilich geht es auch kostspieliger. Dominas mit Streckbänken, Käfigen, Gynäkologenstühlen und Folterkammern fordern ihren Preis. Allein das Sex-Toy-Sortiment mit Peitschen, künstlichen Brüsten, Dildo-Arsenal, Fesselspielzeug und Masken kostet ein kleines Vermögen. Ebenso die Garderobe mit schwarzen Korsagen, Stilettos, Pumps, Stacheljacken und -handschuhen sowie Ledermänteln. Die vierte Etage bietet eine besondere Attrak-

Sicherheitsdienst im Laufhaus

Die längste Bordellmeile

tion. Oben warten etwa 20 bildhübsche Transsexuelle auf Kundschaft. Oben Frau und unten Mann, erzielen sie ebenso viel Umsatz wie die übrigen drei Stockwerke. Was Männer an Transsexuellen mögen? Eine im zweiten Stock arbeitende Domina kennt die Antwort: „Wir arbeiten mit Dildos aus Kunststoff, oben bekommen sie es in Natur."

| | |
|---|---|
| Trimm-Dich: | ***** (Laufhaus mit den meisten Treppen) |
| Eingang: | ***** |
| Kunst: | ***** |
| Preise: | von 25,00 Euro an nach oben offen |
| Tipp: | die schönsten Frauen sind vielleicht Männer |
| Highlight: | eines der größten Laufhäuser Europas |
| Eintritt: | frei |
| Adresse: | Elbestraße 49 - 53 |
| Telefon: | 069 24663000 |
| Öffnungszeiten: | täglich von 10 bis 4 Uhr |
| Informationen: | www.crazy-sexy-frankfurt.de |

# Größter Table-Dance-Club 22.

## Golden Gate Diamond

**M**arkenzeichen des größten Table Dance- und Partyclubs im Bahnhofsviertel sind atemberaubende Striptease-Shows. Sie zählen zum Besten, was europäische Nightclubs zu bieten haben. Auf der langen Theke, in drei Käfigen und auf der weit in die Tanzfläche ragenden Bühne winden sich Tänzerinnen und Tänzer. Wummernde Bässe rocken den Saal. Lasergewitter durchzucken Trockeneisnebel. Eine Kulisse wie im Science Fiction: Space-Party im Star-Wars-Raumschiff. Erstklassige Shows haben in den früheren Räumlichkeiten des legendären Frankfurter Revue-Cabarets „Imperial" Tradition. Auf der Bühne standen dort schon Josefine Baker, Bill Haley, Elvis Presley, Hildegard Knef und Tom Jones.

Vor allem freitags und samstags reihen sich die Stretch-Limos mit dunkel getönten Scheiben Stoßstange an Stoßstange. Die überlangen Lincoln- und Chrysler-Straßenkreuzer sind Synonym eines zeitgenössischen Rituals junger Menschen kurz vor der Hochzeit: Junggesellenabschied heißt das feucht-fröhliche Gelage. Also ein letztes Mal in vollen Zügen über die Stränge schlagen. Und wo kann Mann/Frau besser Abschied vom Single-Dasein feiern, als im Golden Gate Diamond Club, wo die Sünde zu Hause ist?

Neben Junggesellen-Abschiedsgruppen besteht das Publikum aus Partygästen und Nachtschwärmern. Freitags und samstags tobt im Club der Bär. Höhepunkt sind zirkusreife Striptease-Choreographien. Ein Junggesellenabschied mit 24 Teilnehmer/innen kostet 660,00 Euro. Inklusive sind: Abholung mit Stretch- in Frankfurt, Cruising durch die nächtliche Stadt, Tischreservierung, Eintritt, Knabbereien, sechs Flaschen Prosecco oder Sekt bzw. drei Liter Wodka einschließlich drei Liter Softgetränke und Bühnenshow für die künftige Braut bzw. den Bräutigam. Stripperin und Noch-Junggeselle kommen sich dabei unter dem Beifall der gesamten Truppe so nahe wie es nach der Hochzeit nur noch die Angetraute darf. Ansonsten kann der Gast, vorausgesetzt er widersteht den raffinierten Verführungskünsten der Animierdamen und

-herren, schon für 20,00 bis 30,00 Euro einen Riesenspaß haben. Lässt er es mit Champagner, Separé und in Gesellschaft der schönsten Mädchen richtig krachen, kann die Rechnung leicht das Zehnfache und noch viel mehr betragen. In den 70er Jahren zeigten die Gäste den Tänzerinnen in der Moselstraße durch Zerdeppern von Porzellantellern ihre Begeisterung. Heute spart man sich die Scherben und investiert das Geld nicht ins Porzellan, sondern direkt in einen Flirt.

| | |
|---|---|
| Show: | ***** |
| Erlebnis: | ***** |
| Striptease: | ***** |
| Animiermädchen: | ja |
| Männerstrip: | ja |
| Publikum: | männlich/weiblich |
| Preise: | wie überall |
| Tipp: | samstags und sonntags tobt nach Mitternacht der Bär |
| Highlight: | Akrobatische Striptease-Performance |
| Eintritt: | 10,00 Euro |
| Adresse: | Moselstraße 46 bis 48 |
| Telefon: | 069 / 244 046 87 |
| Öffnungszeiten: | Bar und Separés: montags bis donnerstags von 21 bis 4 Uhr, Tabledance, Partytime und Striptease-Shows: freitags und samstags 21 bis 5 Uhr |
| Informationen: | www.goldengatediamond.de |

# Strip der Superlative

23.

## Pure Platinum

Das Pure Platinum ist ein Table Dance Club der Superlative. Wer in den berühmten Nightclub eintaucht, traut seinen Augen nicht. An Wochenenden becircen mehr als 50 Schönheiten das Publikum. In keinem Nightclub umgarnen mehr Frauen den Gast. „Wo kommen all diese gutaussehenden Mädchen her?", staunt die junge Braut, die mit ihren Freundinnen Jungesellinnen-Abschied feiert. Auch sie kommt auf ihre Kosten, als ein durchtrainierter Tänzer ins Publikum springt und sie mit auf die Bühne nimmt. Widerstand ist zwecklos. Angefeuert von ihrer begeisterten „Braut-Security", wird sie an die Stripstange gefesselt.

Der Club unter dem „Roten Haus" besitzt eine eigene Währung: den „Pure-Platinum-Dollar". Der Wechselkurs liegt bei 2,00 Euro. Je später der Abend, desto mehr Plastik-Dollars landen in den Slips der leicht gekleideten Tänzerinnen und Tänzer. Zarte Haut für harte Dollars. Immer wieder löst sich aus den Reihen des Publikums ein Gast und legt sich erwartungsvoll mit einem Dollar im Mund auf die Tanzbühne. Lasziv beugt sich eine Tänzerin über dessen Kopf, streichelt sein Gesicht mit ihren Brüsten, klemmt den Dollar dazwischen ein – und schon hat die Plastik-Währung den Besitzer gewechselt. Die drei durchtrainierten männlichen Animateure stehen ihren Kolleginnen in nichts nach. Für einen Haus-Dollar wer-

den sie auf der Bühne zum Objekt weiblicher Sehnsüchte.

Wer die Reize des Clubs ungestört vom Trubel bewundern will, verschwindet mit der Dame oder dem Herrn seiner Wahl in eine der Solotanzkabinen zum „Lapdance". 35,00 Euro kostet das etwa zehnminütige Vergnügen. Der Gast nimmt Platz, und die Tänzerin tanzt zwischen seinen Beinen oder auf dem Schoß. Wie weit der Spaß geht, entscheidet allein sie. Ein Happy End ist ausgeschlossen. Mann soll ja möglichst lange die Reize des Hauses auskosten bzw. konsumieren.

Gäste, die es intim mögen, werden an der Champagner-Bar verwöhnt. Zigarrenliebhaber finden in der Smokers Lounge einen gut sortierten Humidor. Oder

Mann zieht sich mit einer Flasche Champagner ab 400,00 Euro ins Separé zurück. „Without our Ladies" kostet der Veuve Cliquot 140,00 Euro. Am meisten Gedränge herrscht im Pure Platinum an Messetagen, wenn Chinesen, Russen, Inder und Koreaner fernab von Frau und Kind begeistert über die Stränge schlagen. So ist das Pure Platinum immer ein Erlebnis: Ob Mann/Frau Spaß sucht oder es vor der Hochzeit noch einmal so richtig krachen lassen wollen, oder ob es nur darum geht, einmal alle Vorurteile über das Sodom und Gomorrha im Bahnhofsviertel bestätigt zu sehen.

| | |
|---|---|
| Party: | ***** |
| Striptease: | ***** |
| Animiermädchen: | ja |
| Männerstrip: | ja |
| Publikum: | männlich/weiblich |
| Preise (ohne Lady): | Bier ab 5,00 Euro, Wein ab 6,00 Euro, Longdrink ab 10,00 Euro |
| Piccolo (mit Lady): | 50,00 Euro |
| Tipp: | Pure Platinum Dollar ausprobieren (der erste ist im Eintritt inklusive) |
| Highlight: | Lapdance für 35,00 Euro, Männerstrip, Champagner Bar |
| Eintritt: | 10,00 Euro |
| Adresse: | Taunusstraße 34 |
| Telefon: | 069 264 877 22 |
| Öffnungszeiten: | täglich 21 bis 5 Uhr |
| Informationen: | www.pureplatinum.org |

## 24

# Rotlicht light

My Way

D as My Way ist als Mix zwischen Nightclub und
klassischer Bar ein guter Start für eine Aben-
teuer-Tour durch das Milieu: „Rotlichtviertel
light" könnte man sagen. Seele des Lokals ist die freundliche blonde Chefin Claudia. Während die typischen
Nightclubs keinen Blick ins geheimnisvolle Innere
gewähren, gibt sich das My Way mit Eingangsportal und
großen Fenstern transparent. Das Lokal mit dem Bordell
oben drüber, nahe der Kreuzung Taunusstraße/Elbestraße,
ist einer der besten Plätze, um gemütlich bei einem Café
oder einem Bier das abenteuerliche Gewimmel an diesem
Szene-Brennpunkt zu verfolgen: Ein Ferrari parkt mit
dunklem Gewummer ein. Gegenüber kontrolliert die
Polizei zwei Bordsteinschwalben aus Bulgarien.

Rotlicht light: reden, flirten, feiern

Im My Way ist jeder willkommen: kein Türsteher sortiert aus oder preist draußen lauthals die Vorzüge der Mädchen an. Hier treffen sich Broker und Rocker, Eintracht-Kicker und Schauspieler, Frankfurter und Durchreisende, männliche und weibliche Gäste. Die Bar ist ein beliebter Treffpunkt der Rotlichtszene. Mann schaut Bundesliga, regelt Geschäftliches, liest Zeitung oder sucht Kontakt mit einer der hübschen Damen. Für einen Drink ab 19,90 Euro haben sie für alles ein offenes Ohr. Wer es intimer mag, zieht sich mit einer Schönen seiner Wahl ins Separé am Ende der Theke zurück. Eine Flasche Champagner für 300,00 Euro – und schon öffnen sich die Vorhänge. Richtig zur Sache geht es zuweilen in den frühen Morgenstunden, wenn die Welle all derer ins Bahnhofsviertel schwappt, die vor dem Ende der Nacht noch unbedingt etwas erleben wollen. Dann tanzen die Mädchen auf Theke und Tischen und es herrscht Partystimmung bis morgens um fünf.

Wer einen Strip an der Stange oder schnellen Sex erwartet, ist bei Claudia an der falschen Adresse. Hier bekommen die Gäste Streicheleinheiten für Körper und Seele. „Animieren macht Spaß", sagt die 26-jährige Patricia. „Hier kann man feiern, interessante Menschen kennenlernen und sich gut unterhalten. Und du bekommst noch Geld dafür – ein Traumjob." Eben Rotlicht light, und das bedeutet: reden, flirten, tanzen und feiern. Alles was darüber hinausgeht, finden Freier über dem My Way ab 25,00 Euro.

| | |
|---|---|
| Rotlicht: | ***** |
| Fußball: | ***** |
| Animiermädchen: | ja |
| Publikum: | eher männlich, Frauen sind willkommen |
| Preise: | normal |
| Tipp: | Champions-League schauen |
| Highlight: | Mix aus Nightclub mit Separé und klassischer Bar |
| Besonderheiten: | Claudia, als Geschäftsführerin Seele des My Way |
| Adresse: | Taunusstraße 26 |
| Telefon: | 0178 38 69 889 |
| Öffnungszeiten: | montags bis donnerstags 14 bis 4 Uhr, freitags und samstags 14 bis 5 Uhr, sonn- und feiertags 16 bis 4 Uhr |
| Informationen: | www.myway-frankfurt.de |

# Milicas Edelclub

## 25

## Moulin Rouge

„Eine buschige Myrte beschattet ein heiliges Plätzchen ...“ Welches Plätzchen mag Johann Wolfgang von Goethe mit diesen Worten wohl gemeint haben? Auf jeden Fall nicht die Plätzchen, die früher in der Moselstraße 31 gebacken wurden. In der zum schicksten Nightclub der Stadt umgebauten, früheren Konditorei Kemp präsentiert die Frankfurter Kulturothek heute zuweilen „amouröse Geschichten“ des berühmtesten Frankfurters. Auch die berühmteste Frankfurterin ist – zumindest in Gedanken – nicht weit. Vor mehr als 50 Jahren stöckelte die Edelprostituierte Rosemarie Nitribitt mit Hündchen im Schlepptau am heute unter Denkmalschutz stehenden Haus vorbei. Ihr rauschendes Leben und tragisches Ende wurden mehrmals verfilmt.

Wer die Bar im denkmalgeschützten Stilaltbau aus dem Jahr 1904 betritt, ist überrascht. Hinter den roten Vorhängen präsentiert sich eine elegante altenglische Theke aus dunklem Holz. Hinter schwerem Stoff warten fünf Separés auf kuschelige Zweisamkeit. So ist das Moulin Rouge der edelste Nightclub im Bahnhofsviertel. Dies macht sich jedoch nicht in den Preisen bemerkbar. Das Bier oder ein Glas Wein kosten 5,00 Euro und ein Piccolo einschließlich Flirt mit Dame 45,00 Euro.

Moulin-Rouge-Chefin ist Milica. Sie hat für jeden Gast ein offenes Ohr und ist eine Institution im Bahnhofsviertel. Ebenso wie ihre blonde Kollegin Marion. „Ich beobachte jeden Gast schon beim Eintreten", beschreibt sie ihren Job. Marion gehört zu den erfahrensten Frauen im Bahnhofsviertel. Sie hat ihre eigene Verehrer-Gemeinde. „So wie er sich gibt, geht und spricht, weiß ich schon vorher, wie ich ihn auf andere Gedanken bringen kann." Wer glaubt, im harten Animiergeschäft hat nur die Jugend Erfolg, den belehrt Marion eines Besseren. Und nicht nur sie. Es gibt viele Nightclubs, die auch von jüngeren Männern angesteuert werden, um die Reize erfahrener Damen kennenzulernen. Andere suchen tatsächlich nur einen Rat oder brauchen einen Tipp in Sachen Liebe und Frauen.

Vor einhundert Jahren war das Moulin Rouge eine bekannte Bäckerei mit Café. Die Urenkelin des Konditors, Astrid Kemp-Rother, hat das Haus einschließlich

Milicas Edel-Nightclub

Rotlicht im Stilaltbau

Nightclub mit viel Liebe zum Detail renoviert. Man darf gespannt sein, was in den nächsten hundert Jahren aus dem schönsten Stilaltbau in der Moselstraße noch alles werden wird.

| | |
|---|---|
| Rotlicht: | ***** |
| Ambiente: | ***** |
| Animiermädchen: | ja |
| Publikum: | meist männlich, Frauen sind willkommen |
| Striptease: | nein |
| Preise: | normales Nightclub-Niveau |
| Tipp: | hineinschauen und ein Bier trinken |
| Highlight: | edelster Nightclub |
| Besonderheiten: | in einem denkmalgeschützten Jugendstilhaus |
| Adresse: | Moselstraße 31 |
| Telefon: | 0178 38 69 889 |
| Öffnungszeiten: | täglich 12 bis 5 Uhr |

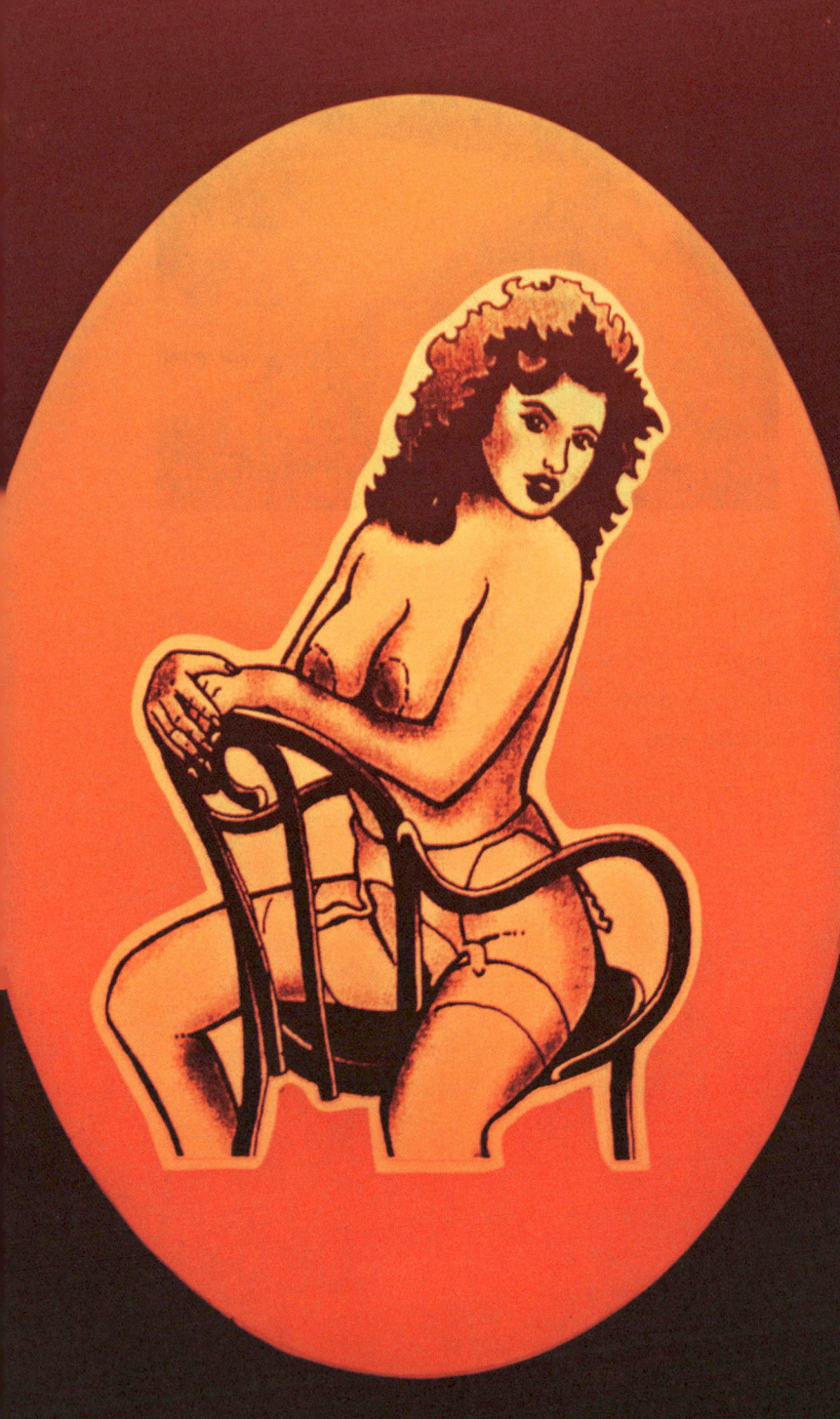

# Monis Kuschelhöhle

26.

Frankfurt Corner

Von den etwa 20 Nightclubs, die im Bahnhofsviertel Nachtschwärmer anlocken, ist das „Frankfurt Corner" einer der kuscheligsten und gemüt-
lichsten. Seele des Etablissements an der Ecke Taunus-
straße/Elbestraße ist die rothaarige Moni – eine Frau mit
jener faszinierenden Erfahrung und Ausstrahlung, die
nicht nur unter gestandenen Männern Bewunderer findet. Moni ist Verführerin, Therapeutin, Schauspielerin
wie auch Ratgeberin, Entertainerin und Trösterin in
einem. Sie sitzt oft mit der unverwechselbaren Jeanette
im Amy-Winehouse-Look vor ihrem rot ausgeleuchteten
Hort von Lust und Laster. Er besteht aus einer kleinen

Theke, zwei gemütlichen Sitzecken und zwei kuscheligen Separés gleich neben dem Eingang.

Bis Mitternacht ist es zuweilen noch ein bisschen ruhiger. Dann rollt gegen zwei oder drei Uhr eine Welle der Sehnsucht auf das „Frankfurt Corner" zu. Einsamen Herzen männlichen Geschlechts bleibt um diese Zeit nur ein Ziel, das die Erfüllung ihrer Wünsche verspricht. Wie die Motten zum Licht fliegen sie ins Bahnhofsviertel. Bei Moni und ihren Kolleginnen finden sie, was ihnen jetzt am meisten fehlt: verführerische Blicke, ein bisschen Abenteuer, die Wertschätzung einer Frau und ein offenes Ohr. The best things in life are for free? „Nicht ganz", würde Moni auf diese Frage antworten.

| | |
|---|---|
| Rotlicht: | ***** |
| Ambiente: | ***** |
| Animiermädchen: | ja |
| Publikum: | männlich, Frauen sind willkommen |
| Striptease: | darf man sich wünschen |
| Preise: | normal |
| Tipp: | vor Mitternacht vorbeischauen |
| Highlight: | mit Moni an die Bar gehen |
| Adresse: | Taunusstraße 32 |
| Öffnungszeiten: | täglich 20 bis 5 Uhr |

# Geheimtipp

# Stilettos und Peeptoes

## 27

## Orlandos High Heel Palace

F ür Frauen, die in der Liebe den Esprit vermissen, lohnt es sich, in der Kaiserpassage vorbeizuschauen. Orlandos High Heel Palace präsentiert dort Fetish Pumps, Stilettos und anderes gewagtes Schuhwerk, das frischen Schwung in den Beziehungsalltag bringt. Es muss ja einen Grund haben, warum die Damen in den benachbarten Laufhäusern und Table Dance Bars bei Orlando Stammkunden sind. In High Heels entfalten Frauenbeine geradezu magische Wirkung – vor allem dann, wenn es darum geht, Männer schwach

zu machen. Orlandos Sortiment umfasst alles, was Männerherzen höher schlagen lässt: Stiefeletten, Over Knees und Plateau High Heels: geschnürt, geschnallt oder mit Reisverschluss. Aus schwarzem Lack oder rotem Leder. In schrillem Rosa oder wildem Leoparden- oder Tigerlook.

Der günstigste Schuh kostet 10,00 Euro. Bei 120,00 Euro beginnt die Premiumklasse. Übung macht die Meisterin. Auf 14 Zentimeter hohen High Heels ist der perfekte Auftritt ein halsbrecherisches Kunststück. Frauen, denen es gelingt, sexy und schwerelos dahinzugleiten, machen alles richtig. Vorausgesetzt, der Po schwebt exakt über dem Plateau-Absatz. Wer wie ein Storch über das Pflaster stakst, erreicht das Gegenteil des gewünschten

Effekts. Um Abstürzen entgegenzuwirken, werden in Frankfurt inzwischen „Walk on Heelz-Kurse" angeboten. So sind High Heels schon lange nicht mehr allein bei den Damen im Rotlicht en vogue. Dies freut Orlando, dessen Kundenkreis sich immer weiter vergrößert.

| | |
|---|---|
| Einkaufserlebnis: | ***** |
| Männereffekt: | ***** |
| Tipp: | Übung macht den Meister |
| Highlight: | 14-Zentimeter-Stilettos |
| Adresse: | Kaiserpassage |
| Telefon: | 069 252 283 |

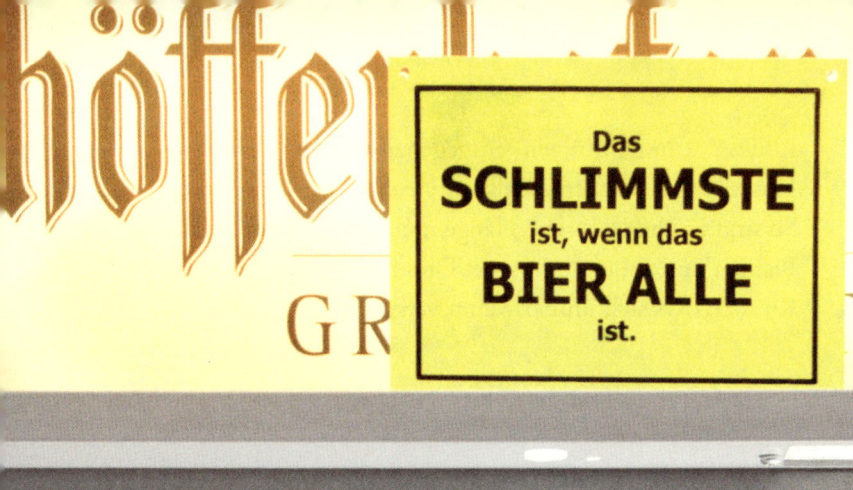

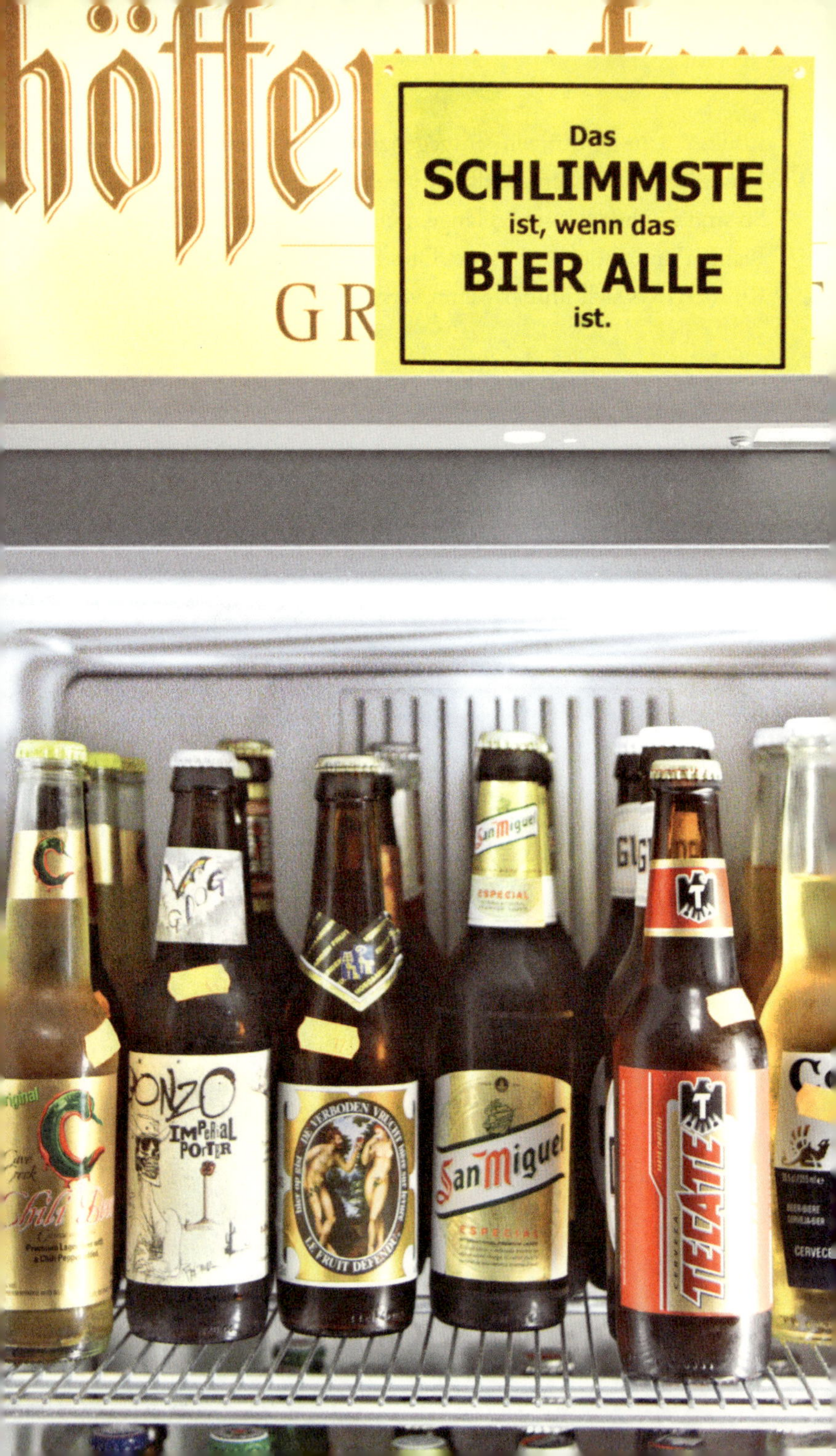
Das
SCHLIMMSTE
ist, wenn das
BIER ALLE
ist.
IMPERIAL PORTER
San Miguel
ESPECIAL
TECATE

# 300 Sorten Bier

## 28

Yok Yok

Dass sein Kiosk „Yok Yok" mal zum Szenetreff werden sollte, hätte sich Nazim Alexander niemals träumen lassen. An warmen Sommerabenden versammeln sich neuerdings mitunter mehr als 50 junge Gäste vor seiner Tür, sitzen auf Bierkisten und genießen den Sonnenuntergang. Vielleicht sind die mehr als 300 Sorten Bier in seinen Regalen und Kühlschränken der Grund für die ungeahnte Beliebtheit. Darunter Raritäten wie „Coopers" aus Australien, „Windhoek" aus Namibia und – für eingefleischte Bayernfans – „Tegernseer Helles". Gern verweist er auf die historische Rolle der Türkei in der Biergeschichte. Die anregenden Eigenschaften des Gerstensafts schätzte man zuerst im Gebiet

des fruchtbaren Halbmonds. Erst später gelangten die Geheimnisse des Bierbrauens über Nazims Heimat nach Europa.

Möglichweise ist Nazims neue Popularität auch darin begründet, dass er einen guten Draht zur jungen Kunstszene rund um die „Balkongalerie Lampione" pflegt. Deren Installationen und Stoffkunstwerke sind im Anschluss an die Ausstellungen auf dem WG-Balkon hoch über der Elbestraße in seinem Kiosk zu sehen. „Yok Yok" bedeutet „geht nicht, gibt's nicht". Getreu dieses Anspruchs schafft er es alle vier Wochen irgendwie, die sperrigen Kunstwerke in seinem kleinen Kioskladen unterzubringen. Zu seiner Beliebtheit beigetragen haben auf jeden Fall sein freundliches Wesen und seine teilnahmsvolle Art, mit Menschen zu sprechen. So ist Nazim inzwischen selbst ein bisschen Kult.

Oben Kunst, unten Bier

Nazim Alexander liebt das Bahnhofsviertel

| Kult: | ***** |
|---|---|
| Bier: | ***** |
| Preise: | wie im Kiosk |
| Draußen sitzen: | ja (wenn man eine Bierkiste erwischt) |
| Tipp: | „Windhoek" aus Namibia probieren / sich von Nazim die Geschichte des Biers erklären lassen |
| Highlight: | größte Bierauswahl in Frankfurt |
| Adresse: | Münchener Straße 32 |
| Telefon: | 069 24249330 |
| Öffnungszeiten: | sonntags bis donnerstags von 10 bis 2 Uhr, freitags und samstags von 10 bis 5 Uhr |

# Teehaus im Café

## 29

Café Irfan

Den besten Tee im Bahnhofsviertel brüht Irfan Yaman. Die Mischung besteht aus zwei Sorten türkischem Tee. Mehr verrät er nicht. Irfans Tee ist so gut, dass er ihn sogar exportiert. Über die Straße, zu den Friseuren, Juwelieren, Händlern und Restaurants. Dann wechseln fünf Teegläser auf rot-weißen Untertellerchen mit Löffelchen und Zuckerstückchen die Seiten. Wer Glück hat, dem zeigt Irfan sein Teeglas-Kunststück. Wie ein Propeller dreht er mehrere Loopings mit Tablett und Arm, ohne dass es Scherben gibt.

Teetrinken ist in der Münchener Straße eine kleine Zeremonie und meist reine Männersache. Gemeinsam

sitzen Jung und Alt abends plaudernd vor dem Café Irfan, spielen lässig mit ihren Handketten und genießen die Muße. Manche beißen ein bisschen Zucker vom Würfel ab, behalten ihn im Mund und saugen den Tee darüber ein. Andere legen sich den Würfel unter die Zunge. Im Juli wartet alles darauf, dass endlich die Sonne untergeht und das tägliche Ramadan-Fasten zu Ende ist. Warum es Café Irfan heißt und nicht Irfans Teehaus, weiß auch Irfan nicht. Die meisten Gäste trinken nicht türkischen Kaffee, sondern eben Tee.

Auch für Nicht-Türken ist das Café Irfan eine gastfreundliche Welt. Ob Türke oder nicht, ob Mann oder Frau, bei Irfan ist jeder willkommen. Wobei man türkische Frauen vergebens in seinem Café sucht. „Die sind froh, dass sie daheim ihre Ruhe haben, und ihre Männer zum Spielen, Teetrinken oder Fußballschauen bei Irfan

Ramadan: Abendessen nach Sonnenuntergang

Ilkan bringt´s über die Straße

sind", sagt Nazim vom Kiosk Yok Yok gegenüber. Er gehört ebenfalls zu den Liebhabern von Irfans Tee.

Tee:                    *****
Türkische Kultur: *****
Draußen sitzen:   nein
Tipp:                   es gibt auch Bier
Highlight:            Teetrinken wie am Bosporus
Adresse:             Münchener Straße 35
Telefon:             069 271 089 59
Öffnungszeiten:  10 bis 1 Uhr

# Mach dich locker

## 30

Café LuCa

„LuCa" heißt das Café der sanften Entschleunigung. Dort kann man in aller Ruhe die Seele baumeln lassen. Bei Paolo, seit einem Jahr Inhaber des früheren „Luna Park", treffen sich Künstler, Musiker und alle, die „sich mal schön locker machen wollen". Blickfang seines Kleinods ist eine eierfarbene Theke aus dem hellen Kalkputz der Berber. Als amorphes Gebilde durchquert sie wie ein Organismus den Raum. Oben drauf steht ein DJ-Pult mit dem in Kreativkreisen obligatorischen Apfel-Computer. Davor ein Stapel englischer und deutscher Musik- und Modezeitschriften für Insider wie „Rains Journal", „ESP",

„UF" und „Drapers". Dazwischen Tee, Kaffee- und Wasserkannen, Blumenvasen und allerlei Krimskrams zum Verkauf: Ledertaschen, handgemachte Konfitüre, „Vintage Stuff" und vieles mehr. Das Ganze hat etwas von einem Coffee Shop der 70er Jahre.

Im gemütlichen Hinterzimmer ist Raum für Kunstgenuss. Dort präsentiert Paolo Ausstellungen zu den Themen Malerei, Fotografie, Mode, Schmuck und Film. Plüschig wie zu Großmutters Zeiten. Ins LuCa geht man vor Bürobeginn auf einen Espresso, nach dem Meeting zum „Runterfahren" oder zur Mittagspause auf eine Latte macchiato. Oder man trifft sich nach Feierabend auf einen Drink oder auch zwei. Wer das Café nicht kennt und sich dort verabredet, sollte die Augen in der Niddastraße offen halten. Das LuCa liegt so versteckt, dass es die meisten verfehlen. Leichter als man es sieht, hört man es. Schließlich ist Paolo ja Discjockey und Musik läuft

Ledertaschen, Kunsthandwerk und Marmelade

DJ Paolo

immer im LuCa, zumal Paolo gerade dabei ist, seine meterlange Plattensammlung neu zu ordnen.

| | |
|---|---|
| Originalität: | ***** |
| Gemütlichkeit: | ***** |
| Draußen sitzen: | ja |
| Preise: | günstig bis normal |
| Tipp: | sich dort verabreden |
| Highlight: | Paolo hinter der Eierschalentheke |
| Adresse: | Niddastraße 54 |
| Telefon: | Tel. 069 407 693 88 |
| Öffnungszeiten: | dienstags bis freitags von 11 bis 20 Uhr, samstags vom 11 bis 16 Uhr |

# Frisch aus dem Meer

## 31

## Hamsilos und Schenck

Auf der Straßenterrasse des Fischrestaurants „Hamsilos und Schenck's seit 1540" haben die Gäste das exotische Gewimmel in der Münchener Straße immer im Blick. Man sitzt mittendrin und alles fließt drum herum. Bis zu seiner Eröffnung 2010 war das „Hamsilos" unter dem Namen „Hoffischerei Schenck" und später „Schenck Feinkost" bekannt. Heute kommt alles frisch aus dem Wasser. Forelle, Dorade, Seeteufel und Tintenfisch kommen raffiniert gewürzt zu Preisen auf den Tisch, wie man sie zu dieser Qualität fast nirgendwo in Frankfurt findet. Dazu gibt es Rosmarin- oder Bratkartoffeln, gemischtes Gemüse

sowie deutsche, türkische, französische und italienische Weine.

Cemal Aksan, der Gründer des Restaurants, ist einer der größten Gewürzhändler für die türkische Landesküche. Keiner präsentiert Fisch so charmant wie der gastfreundliche Türke, wenn er als Seele des Lokals seinen Sohn Fuat bei der Bewirtung unterstützt. In den 70er Jahren war er ohne einen Pfennig in der Tasche als politi-

Cemal Aksan

scher Flüchtling nach Frankfurt gekommen. Schier end-
los schien die Schlange vor dem türkischen Generalkon-
sulat, wo seine Landsleute nach Visa anstanden. Da kam
ihm seine erste Geschäftsidee: Im nahen Bahnhofsviertel
kaufte er einen Stapel türkische Pizzen und verkaufte sie
an seine hungrigen Landsleute vor dem Konsulat. Später
arbeitete er in verschiedenen Restaurants. 1983 betrieb er
das vegetarische „Green Hill" in Sachsenhausen, 2006
startete sein Gewürzhandel und 2010 „Hamsilos und
Schenck's seit 1540". Und jetzt? Jetzt spielen zwar seine
Geschäfte, aber immer mehr der kleine Enkel Kerim die
Hauptrolle in seinem Leben.

| | |
|---|---|
| Qualität: | ***** |
| Draußen sitzen: | ja |
| Preise: | günstig bis normal |
| Tipp: | türkischen Wein probieren |
| Highlight: | Cemals Sardinen, gemischte Fisch-platte, Tintenfischgerichte, |
| Adresse: | Münchener Straße 28 |
| Telefon: | 069 233 127 |
| Öffnungszeiten: | montags bis donnerstags 11.30 bis 23 Uhr, freitags 11.30 bis 23.30 Uhr, samstags 13 bis 23.30 Uhr, sonntags 13 bis 22 Uhr |

# Alles immer beim Alten 32.

## Terminus Klause

Eigentlich war die Terminus Klause schon immer da; nur bemerkt hat sie kaum einer. Innen verleiht die Wandmalerei einer türkischen Berglandschaft dem Brauereimöbel-Ambiente das gewisse Extra. Draußen vermittelt Fachwerk dem Lokal die Anmutung einer Bauernschänke. Terrasse ist eine Parkplatzbucht mit blauen Plastik-Garnituren umrahmt von Pflanzenkübeln. Es ist offenbar dieses Klischee einer ganz gewöhnlichen Kneipe, das Kunststudenten neuerdings anzieht. Warum sie das Lokal jetzt entdeckt haben und vorher nicht, weiß

auch Taskin Hüseyin nicht genau. Er führt das Lokal schon seit 20 Jahren und hat seitdem nichts, aber auch gar nichts verändert.

Gewandelt hat sich freilich das Bahnhofsviertel. Mit mehr als 120 Ateliers und vielen Künstlern, die hier wohnen und ausgehen, ist es inzwischen Frankfurts Künstlerviertel. Wenn etwa Studenten der Städelschule über den Holbeinsteg kommen, ist die Terminus Klause die erste Kneipe auf ihrem Weg. Für Frankfurter Verhältnisse preiswertes Essen und Getränke verlocken zur Einkehr. Rindswurst mit Salzkartoffeln und Gemüse für 6,00 Euro, Schnitzel mit Pommes und Salat für 8,70 Euro. Wo gibt es das noch in der City? Wenn nicht gerade die Bankertruppe turnusmäßig zum Würfelspiel einkehrt, dann sind die Künstler fast unter sich. Weitge-

Frankfurts neue Künstlerkneipe

hend zumindest. Inzwischen tauchen schon weitere Krawattenträger auf. Offenbar spricht sich rum, dass die Terminus Klause hipp ist. Gut so, denkt sich Taskin und lässt alles beim Alten.

| | |
|---|---|
| Geheimtipp: | ***** |
| Kult: | ***** |
| Draußen sitzen: | ja |
| Tipp: | auf der Straßenterrasse Kiezflair atmen |
| Highlight: | dass es kein Highlight gibt |
| Adresse: | Moselstraße 14 |
| Telefon: | 069 242 494 03 |
| Öffnungszeiten: | 11 Uhr bis etwa 3 Uhr morgens |

# Lifesaver Kitchen

## 33

Club Michel

Neben der Eingangstür vom Club Michel hängt eine Türcode-Tastataur. Weder Schild noch Speisekarte weisen auf das kulinarische Highlight der Kunstszene hin. Serviert wird auf langen Tischen im ersten Stock des Bürohauses Münchener Straße 12. Wer wissen will, wann was auf den Tisch kommt, abonniert einen Newsletter: www.clubmichel.de. Dann informiert wöchentlich eine Rundmail, wer kocht, was es gibt und wie gegebenenfalls der Eingangscode lautet. Das sieht dann so aus (Code bleibt geheim):

*„Ragazzi,*
*diese Woche nutzen wir die Abkühlung und laden Euch in den Club Michel zu Pasta Ottimo ein: Ata kocht Rezepte von seiner italienischen Tante Paula Pomodori. Ohne Reservierung. Los geht's um 19:00 Uhr.*
*\*\*\**
*Insalata di farro e legumi*
*Pomodori e cipolle rosso*
*\**
*Lumaconi rigati a la primavera*
*Linguine al pomodoro fresco e basilico*
*Rigatoni napoletani e salsicce finocchi*
*\**
*Semifreddo alla nocciola*
*\*\*\**
*Ciao*
*Harry Viterchi, Lisa, Ata, David & CM"*

Hinter dem originellen Konzept stecken Ata Macias und Tobias Rehberger. Als Stammköche stehen Ata, David & Lisa in der offenen Küche am Herd. Sie kochen für 20 bis 80 Gäste. Außerdem schnippeln, rühren und braten Gastköche ausgefallene Menüs. Dies sind meist Freunde aus der Stadt, die mal Lust haben, Lieblingsgerichte zu präsentieren oder internationale Gastköche. Dazu gehören Minas vom „Detli Maya" aus Istanbul, die Mitglieder der „Kitchen Guerilla" aus Hamburg oder der beliebte Sushi-Koch Ollysan.

Bei den Pizza- & Pasta-Abenden erhält der Club Michel Unterstützung von befreundeten Werbern wie Lorenzo Bizzi vom Nordisk Büro oder Kai Grudde von Tobias Rehbergers Kräutertee-Label „Tau von den Wiesen". Mal gibt's Schnitzel, mal marokkanische oder auch koreanische Spezialitäten, je nach Lust und Laune. Bei „Lifesaver Kitchen" kommt „alles ohne Tiere" bzw. vegan auf den Tisch. Bis

Innenansicht

Kochteam: David, Lisa, Ata

zum Jahr 2012 versteckte sich der Club Michel „Im Holzgraben", einem kleinen Sträßchen an der Zeil. In der Münchener Straße erkennen ihn Eingeweihte an der großen Fensterfront. Aufsehen zu erregen, ist laut Stammkoch David nicht das Ziel. „Wir sind ja kein reguläres Restaurant, sondern ein Club bzw. eingetragener Verein zur Förderung der Esskultur."

| | |
|---|---|
| Geheimtipp: | ***** |
| Kunstszene: | ***** |
| Küche: | ***** |
| Draußen sitzen: | nein |
| Preise: | günstig bis normal |
| Tipp: | Newsletter abonnieren |
| Highlight: | Ata am Kochtopf |
| Adresse: | Münchener Straße 12 |
| Öffnungszeiten: | siehe Newsletter |
| Information: | www.clubmichel.de |

# Bunker-Bistro

## 34

## Mittagsgold

**B**lickt man im „Mittagsgold" nach oben, könnte man meinen, man stünde in einem Saal. Der Eindruck rührt her von der Decke, hoch wie ein Zehn-Meter-Brett. Zwei schwere Lüster hängen von oben herab. Kein Lokal in Frankfurt hat höhere Räumlichkeiten. Den Superlativ verdankt das kürzlich eröffnete Bistro dem Karlsbunker, zu dessen Baukomplex es gehört. Hinter der langen Wand an der Bar steht, geschützt von meterdicken Bunkerwänden, modernste Steuerungstechnik der Deutschen Bahn. Im Raum davor haben Jessica und Serkan Dagistanli ihr Bistro im Stil der 50er Jahre eingerichtet: Nierentische, Röhrenlampen und allerlei Accessoires aus Großvaters Zeiten.

Als Wohlfühloase und Mittagstisch vorwiegend für Banker, Broker und Business-Leute sowie alle anderen, die leichtes und gesundes „Office-Food" mögen, bieten sie Suppen, Salate und Sandwiches aus eigener Herstellung. „Ich wollte einfach mal etwas Neues machen und nicht mehr bis früh am Morgen hinter der Theke stehen", begründet Serkan, warum er das neue Bistro am Karlsplatz eröffnete. Man kennt ihn aus dem Velvet, dem King Kamehameha und der Orion Bar, die er mit seinem Bruder hatte. Seine Frau Jessica betreibt das Online-Modelabel „JessJess", für das ihr Mann modelt (www.jessjess.de).

Die Preise im Mittagsgold sind moderat. So kostet das Tomate-Mozzarella-Sandwich mit frischem Pesto 3,50, die Kohlrabi-Creme-Suppe 4,20 Euro. Eingelegte Zimt-Birnen mit Vanilleeis als Nachtisch kommen für 2,70 Euro auf den Tisch. Freitags ist Lange Nacht im Bistro. Zuweilen steht ein DJ an den Turntables oder das Mittagsgold lädt zur „Nacht der Kreativen" ein. „Hier kann man das Open Mic etwa für Instant Poetry, Spoken Word oder Live Perfomances und den Open Beamer für alles nutzen, was sich visuell transportieren lässt", sagt Jessica. So geht es im Mittagsgold dank hoher Decken nicht nur hoch hinauf, sondern auch hoch her. Und wem die Atmosphäre besonders gut gefällt, der kann das Bistro auch komplett für Business- und Partyveranstaltungen mieten.

Bar vor der Bunkerwand

Jessica und Serkan

Interior Design:   *****
Flair:             *****
Draußen sitzen:    ja
Preise:            günstig bis normal
Tipp:              Nacht der Kreativen (siehe Website)
Highlight:         50er Jahre Flair
Adresse:           Karlstraße 4-6
Telefon:           0151 505 733 40
Öffnungszeiten:    montags bis donnerstags von 8 bis
                   16 Uhr, freitags von 8 bis 0 Uhr,
                   samstags und sonntags geschlossen
Informationen:     www.mittagsgold.de

## 35

# Best Currywurst

Taunus 25

rgendwann reichte es Peter: der leidenschaftliche Curry-Wurst-Genießer ärgerte sich jedes Mal, wenn er nach Dienstschluss sein Leibgericht genießen wollte. Was er vorgesetzt bekam, bestand meist aus zu warmer Ketchup-Brühe, die über Fleisch mit eher fadem Geschmack waberte. Dazu gab es pappige Brötchen. „Das kann es nicht sein", dachte er und eröffnete seine eigene Frankfurter „Currywurst-Schmiede". Die Würste kommen vom Landmetzger, das Brotrezept vom Landbauer. Highlight seines „Taunus 25 – hot & spicy" ist die Sauce, deren Rezept ein renommierter Sternekoch bei-

steuerte: Tomaten, Blattpetersilie, Zwiebeln und Coca Cola – alles fein püriert und vom Chef von Hand gerührt. Der Rest ist geheim.

Harley-Fahrer Peter arbeitete früher als „Empfangschef" in vielen Clubs und als Wirtschafter. Sein „Taunus 25" ist ein beliebter Treffprunkt der Rotlichtszene und anderer Nachtschwärmer. Fotografisch verewigt haben sich an der Wand seines Geschäfts unter anderem Rapper Moses Pelham, Schauspieler und Regisseur Claude Oliver Rudolph, Modelstar Markus Schenkenberg, Schwimm-Titan Michael Groß und Mixed Material Arts-Champion Max Coga. Seine Stehtische sind einer der besten Aussichtsplätze auf das Treiben im Rotlichtmilieu.

Rezeptur vom Ein-Sterne-Koch

Chef Peter rührt die Currysoße selbst

| | |
|---|---|
| Currywurst: | ***** |
| Preise: | normal |
| Tipp: | Milieu gucken und Currywurst genießen |
| Draußen stehen: | ja |
| Highlight: | beste Currywurstsauce: Chef Peter rührt selbst |
| Adresse: | Taunusstraße 25 |
| Telefon: | 069 460 908 58 |
| Öffnungszeiten: | montags bis mittwochs 11:30 bis 0 Uhr, donnerstags 11.30 bis 4 Uhr, freitags 11.30 bis 6 Uhr, samstags, 13 bis 6 Uhr, sonntags 15 bis 0 Uhr, Feiertage bis 6 Uhr |
| Speisekarte: | www.currywurst-frankfurt.de |

# Mini-Bahnhofsviertel

Kaiserpassage

Die Kaiserpassage ist mit ihren etwa 50 Läden eine Miniaturausgabe des Bahnhofsviertels. Voller exotischer Gewürze und fremder Gerüche versteckt sie sich in den Hinterhöfen zwischen Taunus- und Kaiserstraße. Nichts weist vor den drei Eingängen auf diesen Basar der Kulturen hin. Es grenzt an ein Wunder, wie viele Shops ohne Laufkunden überleben. Ausschlaggebend sind zum Teil einzigartige Sortimente, die von Stammkunden aus ganz Deutschland geschätzt werden. Vieles ist anderswo kaum zu haben. Suppen aus China. Mangos aus Pakistan. Ein afghanischer Supermarkt und ein afghanisches Reisebüro. Ein äthiopischer Friseur und

ein äthiopisches Kaffeehaus. Drei Tuchgeschäfte kleiden ihre Kundschaft mit bunten Stoffen und Schuhen aus Indien und Pakistan ein. Wem partout kein Kostüm einfällt, wenn es ums Verkleiden geht, findet dort Turbane und Saris. Für 70,00 Euro wird man im Handumdrehen zum Maharadscha.

Um die Ecke bietet Songhlin thailändische Massagen (ohne Happy End) an. Gegenüber hat der kleine Kunstverlag „Blankslate-Magazin" sein Domizil. Davor verkaufen Hameeda und Hashim alles, was Inder lieben und brauchen: Bücher und Süßigkeiten, günstige Reisen nach Dehli oder Mumbai, Kricketschläger, Fingerbillard und „Kulfi", das indische Eis. Außerdem Bollywood-Poster, indische Zeitschriften sowie ein großes Sortiment indischer Lebensmittel und Gewürze. Von dem typisch asiatischen Sammelsurium der Bobats geht es an der Drogenberatung „Ossip" vorbei zum Schallplattenladen „Tactile"

Jalebi: die zuckersüßen Teigschnecken

Saris in der „Bela Boutique"

(Nr. 50) und zu Orlandos „High Heel Palace" (Nr. 27). Und wer sich ein bisschen Zeit nimmt, wird vielleicht noch eine der sporadisch gastierenden Kunstausstellungen und noch so manches anderes entdecken. So eröffnet die Kaiserpassage die Chance, die Vielfalt des Bahnhofsviertels in kürzester Zeit zu entdecken.

| Exotik: | ***** |
|---|---|
| Angebotsvielfalt: | ***** |
| Multikulti: | ***** |
| Tipp: | mit Muße bummeln |
| Highlight: | alles auf engstem Raum |
| Adresse: | zwischen Kaiser- und Taunusstraße |
| Telefon: | 0 69 2 19 37 89-10 |
| Öffnungszeiten: | montags bis samstags, 10 bis 20 Uhr |

# Über Nacht

# Luxus in Schwarz

## 37

## Design-Hotel Roomers

Wer gern schwarz sieht, ist im Roomers an der richtigen Adresse: Schwarz sind die Maseratis, Lamborghinis und Ferraris auf dem Parkplatz vor dem vielfach preisgekrönten Fünf-Sterne-Hotel. Schwarz sind Restaurant, Zimmer und Suiten. Schwarz ist die Seife in den schwarzen Bädern. Wer die dunkle Lobby des „Member of Design-Hotels" betritt, taucht ein in eine andere Welt. Gedämpftes Licht setzt kühles Design elegant in Szene. Links ein Kamin mit gasgezügelten Flammen. Neben der Rezeption aus poliertem Edelstahl warten Schwanen-Sessel und mit Fell überzogene Chaiselongues. Den Tisch schmückt Aalleder.

Schwarz ist auch die Roomers Bar. Klingt der Tag gerade aus? Bricht der Morgen an? So genau lässt sich das nicht sagen. Dezentes Licht schmeichelt dem Alter. Aus der Decke rieseln Songs von gestern und heute. Es darf getanzt werden. Die Drinks sind gut, aber nicht gerade billig. Dem Publikum ist dies einerlei. Hierher kommt, wer es sich leisten kann. Man gibt sich cool und ein bisschen sündig; wie im Berlin der 20er, nur mit Smartphone in der Hand. Die Karte von Barchef Steffen Goubeau enthält Schätze und Raritäten. Etwa „Roomers Margarita" mit Honig vom eigenen Bienenstock auf der Dachterrasse.

In den 116 Zimmern und Suiten des Luxushotels bildet schwarzes Parkett die Bühne für edles Mobiliar.

Schwarzer Naturstein prägt den Look der Bäder. Wer beim Duschen weiter Fernsehen schauen möchte, dreht den TV-Monitor einfach um 180 Grad vom Schlaf- ins Badezimmer. Paare, die frischen Wind in ihre langjährige Beziehung bringen möchten, buchen ein „Make-Love-Package": Welcome-Drink an der Bar, Übernachtung im burlesquen Deluxe-Zimmer, Rosé-Champagner und romantische Musikberieselung sowie erotisches „Time-to-Tease-Set". Es wartet in der Minibar und besteht aus Penis-Ring, Kerzenwachs und Massagecreme. Im Preis für 399,00 Euro enthalten sind auch mit Schokolade überzogene Erdbeeren und Frühstück ans Bett.

Im sechsten Stock verwöhnt ein cool designtes Spa die Gäste. Es bietet Massageliegen, Massagepool sowie Bio-rhythm-Sauna und Dampfbad. Clou sind fünf beheizte Wannen randvoll mit Glas-Chips: Zum Abspannen nach den Meeting-Marathons in der Frankfurter Business-Welt. Designer ist Nik Schweiger, Bruder des Schauspielers Til Schweiger. Zum Dinner geht's ins dunkel gestylte Roo-

Regeneration im Glasbad

Rezeption mit Schwanensesseln

mers-Restaurant. Dort genossen schon Pamela Anderson und Paris Hilton Köstlichkeiten des früheren Gerbermühlen-Kochs Jörg Ludwig. Roomers-Chefs Micky Rosen und Alex Urseanu wissen, wie es geht: Zu ihrem kleinen Gastro-Imperium unter der Dachmarke „Gekko" gehören neben der Gerbermühle auch das Hotel The Pure, beide mit dem World Hotel Award ausgezeichnet. Hinzu kommen unter anderem das Hotel Bristol, der Club Kane & Abel sowie die Gekko Bar im Hilton. Und noch eines haben die beiden leidenschaftlichen Gastronomen offenbar gemeinsam: die Lieblingsfarbe Schwarz.

| | |
|---|---|
| Extravaganz: | ***** |
| Design: | ***** |
| Übernachtung: | ab 200 Euro |
| Tipp: | Antipasti zur Aperitivo-Zeit in der Roomers Bar |
| Highlights: | Spa mit Bar und Skyline-Blick, Spitzenküche im Roomers Restaurant |
| Adresse: | Gutleutstraße 85 |
| Telefon: | 069 271 342 0 |
| Informationen: | www.roomers.eu |

# Grünes Paradies

## 38

Hotel Nizza

Frankfurts romantischster Dachgarten wuchert auf dem Künstlerhotel „Nizza" in der Elbestraße. Die charmante Herberge ist d e r Geheimtipp unter den Frankfurter Hotels. Unten tobt der Verkehr und hasten Anzugträger der Zeit hinterher – oben blüht ein Paradies: eine Insel der Ruhe inmitten der Frankfurter Skyline. Den atemberaubenden Ausblick genießt man eingerahmt von einer toskanisch anmutenden Blumenkulisse. Kaum vorstellbar, dass es in Frankfurt einen schöneren Ort geben könnte, um bei einem Gläschen Rotwein der Hektik des Alltags zu entfliehen. Dazu braucht man nicht mal unbedingt im Hotel übernachten. Es reicht, unten einen guten Tropfen zu bestellen und mit nach oben zu nehmen. Gleiches gilt auch für das opulente Frühstück.

Seit 20 Jahren bietet das Nizza ein stilvolles Zuhause über Nacht. Zunächst für Schauspieler und Kulturschaffende gedacht, schätzen inzwischen auch Geschäftsleute, Messebesucher und Touristen das freundliche Flair des Hauses. Auf sie warten 26 geschmackvoll möblierte Nichtraucherzimmer mit Parkettboden, Flügeltüren und Stuck. Weitere Highlights sind ein Billard-Raum sowie das Frühstück mit handgemachter Avocado-Creme, leckerem Backwerk und liebevoll zubereiteten Salaten. Mit etwas Glück sitzen am Nebentisch Schauspieler Ulrich Tukur, Tatort-Regisseur Hagen Rether oder Tenor Michael König.

Seit der Gründung pflegt das Haus enge Kontakte zur Schauspielerszene. Gründerin Ursula Gerner arbeitete früher am Frankfurter Schauspiel. Inzwischen leitet Tochter Ursel, die als Maskenbildnerin dort ebenfalls beschäftigt war, das gastronomische Kleinod. Beliebt sind ihre Cocktail-Abende und die Weinproben „Rocking Riesling" (s.

Jugendstilbad

Dachgarten mit Skyline-Blick

www.hotelnizza.de) in der Lobby und auf der Terrasse vor
dem Künstlerhaus „Basis", mit seinen mehr als 30 Ateliers.
Und ein weiteres Relikt hat sich das Hotel bewahrt: Wer die
Lounge mit den weinroten Lederbänken und schwarzen
Tischchen unter Kugellampenklassikern bewundern will,
der muss klingeln. Bei Tag wie bei Nacht. So wie alle Gäste.

| Atmosphäre: | ***** |
| --- | --- |
| Frühstück: | ***** |
| Draußen sitzen: | malerische Terrasse unten / Dachgarten im 6. Stock |
| Übernachtung: | Doppelzimmer 115 bis 155 Euro |
| Tipp: | Sonnenuntergang auf dem Dachgarten anschauen |
| Highlights: | einzigartiges Frühstücksbüfett mit handgemachten Cremes |
| Adresse: | Elbestraße 10 |
| Telefon: | 069  242 538 0 |
| Informationen: | www.hotelnizza.de |

# Tee im Wüstenzelt

## 39

## Hotel Villa Oriental

Eigentlich fehlen nur die Kamele, sonst würde man glauben, das Morgenland beginne schon im Bahnhofsviertel. Das Hotel „Villa Oriental" macht seinem Namen Ehre. Obwohl das orientalische Haus mit den maurischen Fenstern und den Palmen eher in die Suqs von Marrakesch oder Mekka passt, setzt es auch in der eher tristen Baseler Straße Akzente. Fast sieht es so aus, als habe jemand an einer Wunderlampe gerieben und das 30-Zimmer-Hotel aus 1.001 Nacht direkt an den Hauptbahnhof gezaubert. Die Rolle Aladins übernahm Eigentümer Alexander Gorjinia. Mit Geduld und Akribie meisterte er den Hindernislauf durch das Gewirr deutscher Bauvorschriften und erfüllte sich den Traum

eines inzwischen mehrfach preisgekrönten Märchenbau-
werks. Fünf Jahre dauerte die Genehmigungsphase.

Mehr als 15.000 Fliesen aus Marrakesch ließ er im
Vier-Sterne-Haus verlegen. Auch die bunt bemalten
Keramikwaschbecken stammen aus Marokko. Spiegel aus
Syrien, blaue Fliesen und rote Glaskacheln zieren die
Bäder. Die grazilen Schnitzarbeiten der Betten und
Schränke – in einem ist der Flachbildmonitor versteckt –
wurden nach alten Vorlagen gefertigt. An Wochenenden
kostet das Doppelzimmer „Kalif" oder „Wesir" mit Frühstück 85,00 Euro. Alle Zimmer beginnen mit der Nummer 1.000. Die Getränke in der Minibar, Softdrinks und
ein Bier sind gratis. Zum Hotel gehört das Restaurant
Hafez. Attraktion ist ein Beduinenzelt. Mit Perserteppi-
chen an den Wänden, Sitzkissen und niedrigen arabi-
schen Tischen lädt es zu persischem Tee mit Datteln und

Wüstenoase

Syrisch-marokkanisches Bad

zur Wasserpfeife ein. Ein paar Züge – und man fühlt sich wie auf einem fliegenden Teppich.

| | |
|---|---|
| Atmosphäre: | ***** |
| Erlebnis: | ***** |
| Übernachtung: | Doppelzimmer ab 85,00 Euro |
| Tipp: | Wasserpfeife im Beduinenzelt genießen |
| Highlights: | jeden Freitag Bauchtanz |
| Adresse: | Baseler Straße 21 |
| Telefon: | 069  2710 89 50 |
| Informationen: | www.villa-oriental.com |

# Jam-Session inklusive 40.

25-Hours Hotel

E ine gefragte Adresse ist das „25 Hours tailored by Levis" vor allem für DJs, Musiker und andere Künstler. Deshalb ist das Haus im „Niddasack" auch an Wochenenden gut gebucht. Wer vor dem Auftritt noch ein bisschen üben möchte, geht in den Keller und knipst im „Gibson-Jam-Room" die Verstärker an: Jam-Sessions mit Gitarre, Bass, Drums und Musikbox sind im Übernachtungspreis inbegriffen. Für Business-Leute garantieren zwei „Freiräume" mit originellem Holzbodenmuster-Teppich stylische Meeting-Atmo-

sphäre. Das Fassadedesign des Hotelgebäudes gibt zunächst Rätsel auf. Es wirkt wie ein riesengroßer Hosen-Karton für Jeans. Mit Absicht: der Gebäudekomplex beherbergt auch die Europazentrale des amerikanischen Hosenlabels Levis.

Gäste im Alter bis 25 Jahre erhalten 15 Prozent Nachlass auf die aktuelle Tagesrate. Wer sein Notebook nicht dabei hat, leiht sich iPad oder iPod an der Rezeption. Auf den Zimmern in Jeansfarben ist eine Auswahl an TV-Kanälen mit Filmen, Sport und „Schmuddelkram" inklusive. Beliebt sind die Partys auf der Dachterrasse mit Bar und Liegeplätzen im Levis-Look. Feiern darf auch, wer keine Levis-Jeans trägt.

Zimmer im Stil der 70er

Herberge für Künstler, DJs und Musiker

Atmosphäre:        *****
Erlebnis:          *****
Übernachtung:      75,00 Euro Weekend / 119,00 Euro
                   werktags
Tipp:              im Proberaum rocken
Highlights:        Rabatt für alle unter 25 / Elektrorad
                   kostenlos
Adresse:           Niddastraße 58
Telefon:           069 256 677 0
Informationen:     www.25hours-hotels.com/levis/

# Für immer jung

## 41

Frankfurt Hostel, Five Elements, United Hostel

Wer das Feeling von Freiheit und Abenteuer erleben möchte, der übernachtet am besten in einem der drei Youth Hostels im Bahnhofsviertel. Hier treffen sich Backpacker und Weltenbummler aller Kontinente. Billiger kann man in keinem Frankfurter Hotel übernachten. Gegenüber vom Hauptbahnhof liegt in der Kaiserstraße 74 die schönste Herberge in einem reichverzierten Gründerzeithaus: Im „Frankfurt Hostel" kostet die Übernachtung wie in den beiden anderen Backpacker-Hotels minimal 17,00 Euro inklusive Frühstücksbüfett.

Wer für diesen Preis eincheckt, bleibt nachts nicht allein: bis zu zehn Gäste teilen sich das Zimmer. Wer es intimer mag, nimmt ein Doppelzimmer für 55,00 Euro.

Geheimtipp ist die stylische Bar mit bunten Tischen auf dunkelbraunem Fischgrät-Parkett. Einfach klingeln und im 3. Stock bei einem Espresso oder einem Bier auf den kleinen Balkonen die Aussicht auf den Kaiserplatz genießen. Samstags ist „Pasta-Party" im 200-Betten-Hostel. Dann gibt es Nudelgerichte zum halben Preis.

Wen es lieber mitten ins Rotlichtviertel zieht, wählt das „Five Elements Hostel" in der Moselstraße 40. Bar und Rezeption sind rund um die Uhr besetzt. Das 150-Betten-Hostel liegt zwischen Bordellen, Partyclubs und Nachtbars. Gegenüber ist der Drogenabhängigentreff „Cafe Fixx". Das pralle Leben auf der Straße kann man in aller Ruhe im Gemeinschaftsraum im Erdgeschoss durch große Fenster beobachten. Oder man geht in den Keller für eine Runde Billard und ein Match am Kicker. Die Atmosphäre erinnert an die „Sleep Ins" im flippigen Amsterdam der 70er Jahre. Einfach, aber nur schön. Wer keinen Anschluss findet, ist selber schuld.

Schrill und cool präsentiert sich das United Hostel in der Kaiserstraße 52. Es ist mit 350 Betten der größte Treffpunkt für Rucksacktouristen und Jugendgruppen.

Das in Neonlicht getauchte Gebäude zählt zum Immo-
bilienimperium der ehemaligen Kiezgröße Hersch
Beker. Es war früher Sitz des English Theatre. Das bunte
Hostel bietet eine Chill-out-Lounge inklusive Küche
zum Selberkochen. So hat jedes der drei Hostels seinen
eigenen Flair. Angesichts der günstigen Preise lohnen sie
sich nicht nur für Gäste aus aller Welt, sondern auch für
„Einheimische" aus dem Rhein-Main-Gebiet, die das
Bahnhofsviertel erkunden oder Junggesellenabschiede
feiern wollen.

| | |
|---|---|
| Menschen | ***** |
| Erlebnis: | ***** |
| Atmosphäre: | ***** |
| Übernachtung: | ab 17,00 Euro |
| Tipp: | 3. Stock im Frankfurt Hostel besuchen |
| Highlights: | niemand muss alleine schlafen |
| Informationen: | www.frankfurt-hostel.com |
| | www.5elementshostel.de |
| | www.united-hostel-frankfurt.com |

# Oase mit Film-Bar

## 42

Le Meridien Park Hotel

Kaiserlich präsentiert sich der 1905 erbaute 79-Zimmer-Stilaltbau des traditionsreichsten Hotels im Bahnhofsviertel: das Le Meridien Park Hotel am Wiesenhüttenplatz. Mit Marmor, Antiquitäten, Gemälden und Kronleuchtern war das frühere Parkhotel Kaiserhof schon immer eine der besten Adressen in Frankfurt. In den 60er Jahren führte Kochlegende Paul Bocuse das Kommando in der Küche. Um die gleiche Zeit entstand ein orangefarbener Neubau mit 220 Zimmern. Schmuckstücke des Hotels sind das alte Restaurant „La Truffe", die Casablanca Bar und das Gartenrestaurant „Le Jardin". Kaum zu glauben, dass diese

grüne Oase nur 200 Meter vom Hauptbahnhof entfernt ist. Gäste genießen in einem kleinen Park den Schatten der Kastanienbäume. Die Kulisse erinnert an die Zeit, als am Hauptbahnhof Frankfurts Millionäre residierten. Gegenüber steht ein kleines Schlösschen: die Fabrikantenvilla von Heinrich Kleyer, Gründer der Frankfurter Adlerwerke.

Im typischen Flair der 40er Jahre präsentiert sich die zum Hotel gehörende „Casablanca Bar". Sie spiegelt die Kulisse von „Rick's Cafe Americain" aus dem Filmklassiker „Casablanca" wider. Humphrey hängt mehrfach an der Wand. Man darf es ihm gleichtun und sich eine Zigarette anstecken. Oder gleich eine gute Zigarre. Am besten eine „Grand Corona" (14,00 Euro) und versinkt in einen der schweren Chesterfield-Ledersessel inmitten orientalischer Paravents, edlem Holz und marokkanischer Lampen. Mehrfach preisgekrönt, steht die Bar seit

Erbaut zu Kaisers Zeiten

Gartenrestaurant „Le Jardin"

vielen Jahren unter der Leitung von Ahmed Ayberk. Der Autor von „Raki Nights", dem einzigen Buch über Raki-Cocktails auf der ganzen Welt, ist in Frankfurt eine Institution.

| | |
|---|---|
| Draußen sitzen: | ***** |
| Ambiente: | ***** |
| Übernachtung: | ab 209,00 Euro am Wochenende, werktags ab 239,00 Euro |
| Tipp: | im „Le Jardin" die Seele baumeln lassen |
| Highlights: | mit einer „Grand Corona" im Chesterfield-Sessel der Casablanca-Bar versinken |
| Adresse: | Wiesenhüttenplatz 28-38 |
| Telefon: | 069 2697 0 |
| Informationen: | www.lemeridienparkhotelfrankfurt.com |

# Kult + Kultur

# Mona weiß alles

## 43

Pik Dame

D ie „Pik Dame" ist ein Chamäleon, das sich je nach
Publikum verwandelt. Der älteste Frankfurter
Nightclub ist heute kuscheliges Theater, morgen
Party-Club und übermorgen verruchter Ort der Verfüh-
rung. Mal gastiert auf der kleinen Bühne eine burlesque
Show, mal windet sich Laila akrobatisch bei einem Strip
um die Stange. Kein Frankfurter Club hat ein bunteres
Publikum. Sonntags kommen der Geschäftsmann nebst
Gattin und genießen eine Kiezrevue. Dienstags bewundert
ein intellektuelles Theaterpublikum Arthur Schnitzlers
„Traumnovelle". Am Mittwoch verschwindet zu später
Stunde ein leicht schwankender Messegast mit einem Ani-
miermädchen im Separé. Am Donnerstag feiert eine

bekannte Rechtsanwältin „in der Pik" mit Banker- und Brokerfreunden 40. Geburtstag. Samstags platzt der Nightclub vor lauter jungen Gästen fast aus den Nähten, weil sich im Separé ein angesagter Discjockey an den Turntables austobt.

Vor der Tür steht meist Karlheinz. In goldenen Schuhen, lila Anzug und mit lila Hut auf dem Kopf. Karlheinz ist Kult. Ein Empfangschef wie aus einem Rotlichtfilm. Er gehört zum Bahnhofsviertel wie der Hauptbahnhof: ein Urgestein aus dem alten Frankfurter Kiez mit seinen Räubergeschichten. Kult ist auch die blonde Mona. Mit 20 Jahren Pik-Dame-Expertise weiß sie mehr über Mann und Frau als hundert Paartherapeuten zusammen. Das Kommando in der Pik führen Olli und Thorsten in zweiter Generation. Den beiden Brüdern verdankt Frankfurt ein Etablissement, das man sonst nirgendwo auf der Welt findet – wo aber jeder das finden kann, was er vielleicht schon immer am meisten gesucht hat.

Burlesk-Party mit Sekt und Rock´n´Roll

Am letzten Sonntag im Monat ist Pik-Sonntag

| | |
|---|---|
| Kult: | ***** |
| Ambiente: | ***** |
| Flirten: | ***** |
| Eintritt: | je nach Veranstaltung |
| Preise: | normal |
| Tipp: | vorbeischauen, wenn Karlheinz „die Tür macht" |
| Highlight: | Frankfurts ältester und schönster Nightclub |
| Adresse: | Elbestraße 31 |
| Telefon: | 069 236 329 |
| Öffnungszeiten: | dienstags bis donnerstags 21 bis 5 Uhr, freitags und samstags 21 bis 6 Uhr montags und sonntags geschlossen außer am „Pik Sonntag" (www.pik-sonntag.de) |

# Alles festgeschraubt

## 44

Moseleck

as Herz des Bahnhofsviertels schlägt im „Mosel-eck". Die älteste Milieukneipe ist seit mehr als hundert Jahren ein Begriff. Inhaber Harry Statt sowie Peter und Peter hinter dem Tresen sind es ebenfalls, nur noch nicht ganz so lange. Boxerbilder an der Wand erinnern an bewegte Zeiten. Harry, ein 1,92 Meter Hüne und Urgestein des Bahnhofsviertels, fuhr schon mit der „Matura" um den Block. Die Edelprostituierte teilte das Schicksal der noch berühmteren Kollegin Rosemarie Nitribitt: sie wurde ermordet. Das „Freudenmädchen

starb in Ausübung der gewerbsmäßigen Unzucht durch ein Stilett", schrieb „Die Zeit" damals. Helga Matura war so bekannt, dass Gerhard Richter sie in seiner Gemälde-serie über die Sensationspresse verewigte. Harry hatte sie einmal aus übler Lage befreit und bei ihr seitdem einen Stein im Brett.

In seinem Moseleck treffen sich leichte Mädchen und schwere Jungs, Transen und Tunten, Literaten und Künstler – die Helden von früher und alle anderen auch. Damit nichts passiert, sind viele Tische und Stühle festge-schraubt. Geöffnet ist von 6:00 Uhr früh bis 4:00 Uhr, also fast rund um die Uhr. Dann wird zwei Stunden geputzt. Spätestens um 6.05 Uhr stehen die ersten wieder an der Theke, angelockt vom stärksten Kaffee im Bahn-hofsviertel oder einem frisch gezapften Pils. Wenn die Eintracht zuhause spielt, hört man schon von Weitem, gegen wen. Dann machen die Schlachtenbummler vor

Das Herz des Viertels schlägt im Moseleck

Treffpunkt leichter Mädchen und schwerer Jungs

dem Moseleck Station und schmettern lauthals die Bay-
ern-, Dortmund- oder Schalke-Hymne. Dagegen kommen auch Chris Roberts und Bata Illic aus der Musikbox
nicht an.

| | |
|---|---|
| Erlebnis: | ***** |
| Kult: | ***** |
| Kontakte: | ***** |
| Preise: | günstig bis normal |
| Öffnungszeiten: | täglich 6 bis 4 Uhr |
| Tipp: | „Michaela" von Bata Illic in der Musikbox wählen |
| Highlights: | stärkster Kaffee im Kiez |
| Adresse: | Moselstraße 21 |
| Telefon: | 069 236 640 |
| Informationen: | www.moseleck-ffm.de |

# Bekloppt, aber cool!

## Hammermuseum

„Hämmer sammeln ist ganz schön bekloppt, aber irgendwie cool", kommentierte ein 17-jähriger die Eröffnung des Hammermuseums über der Schuhmacherei Lenz im Jahr 2005. Inzwischen ist das Museum in der Münchener Straße eine Institution, die sogar in japanischen Reiseführern steht. Mehr als eintausend Hämmer – darunter der kleinste Hammer der Welt – stellt Bildhauer Oskar Mahler, ehemals Seele des bekannten Klappmaultheaters, dort aus. Unterstützt hat ihn Schuhmachermeister Wolfgang

Lenz, der die Räume zur Verfügung stellte. Unten, in der heute von Jürgen Dohn geführten Schuhmacherei, kann man Maßschuhe fertigen, Schuhe reparieren und Schlüssel fertigen lassen. Oder man genießt eine Fußreflexzonenmassage.

Im Hammermuseum wird alles präsentiert, was schlagen kann: chirurgische Hämmer, Steiger-Hämmer aus dem Bergbau, ein Hammer, der gleichzeitig Zange ist; außerdem Vorschlaghämmer sowie der kleinste Hammer der Welt, der nur mit der Lupe zu erkennen ist. Prunkstück ist ein Signaturhammer mit dem Eschenheimer Tor drauf. Ein wortkarger Lederhändler hatte damit früher auf Ledermärkten jene Häute markiert, die er kaufen wollte. Mahler trug erstaunliche Fundstücke zusammen, ersteigerte Exponate und erhielt so manches Stück von Bekannten, die von seiner Hammer-Leidenschaft wussten. So entstand ein ebenso kurioses wie feinsinniges

Museum. Manches Exponat hat eine spannende Geschichte. Mahler erzählt sie begeistert bei seinen Führungen, deren Länge die Gäste vorab wählen können. Die Atmosphäre ist authentisch, vor allem wenn das Hämmern der Schuhmacher nach oben dringt.

| | |
|---|---|
| Kult: | ***** |
| Tradition: | ***** |
| Eintritt: | kostenlos |
| Tipp: | Führung mit Oskar Mahler buchen |
| Highlight: | mehr als 1.000 Hämmer |
| Adresse: | Münchener Straße 36 |
| Telefon: | 069 300 652 45 |
| Öffnungszeiten: | montags bis freitags 8.30 bis 18.30 Uhr, samstags 9 bis 13 Uhr |
| Informationen: | www.vollderhammer.eu |

# Feuer und Flamme

Salon City

Zehn Euro der Haarschnitt. Ohne Wartezeit und Terminvereinbarung. Das ist der in Stein gemeißelte Tarif der etwa 20 fest in türkischer Hand befindlichen Haarsalons im Bahnhofsviertel. Einer, der dort am längsten das geschickte Hantieren mit der Schere beherrscht, ist Erhek Berberi. In seinem „City Salon" ist meistens Hochkonjunktur. Kunden sind nicht nur Landsleute und viele andere „mit Migrationshintergrund", sondern auch Banker, Anwälte und weitere Anzugträger. Effizienter geht es kaum – und das ist in Frankfurts Financial Community wichtig. Wer kann es sich im Global Business leisten, wertvolle Minuten beim

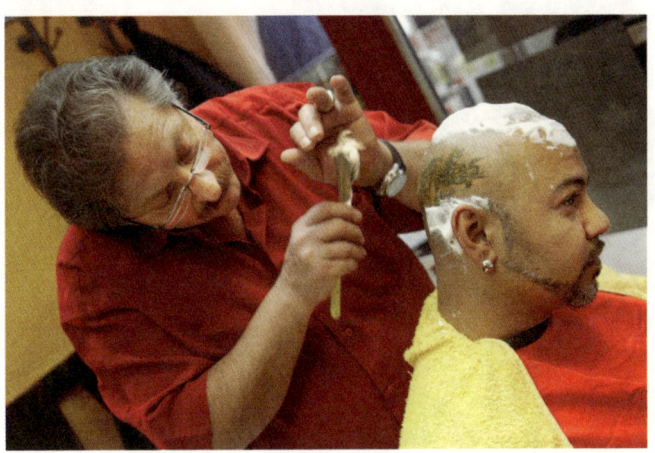

Haareschneiden zu verplempern, wenn gerade irgendwo die Aktienmärkte abschmieren?

Zu Erheks Kunden gehört noch einer, für den Zeit kostbar ist: Frankfurts Oberbürgermeister Peter Feldmann. Der Rathauschef nimmt nicht nur sein Amt, sondern auch seinen Job als alleinerziehender Vater sehr ernst. So ist ihm jede Gelegenheit willkommen, in seinem engen Terminkalender Zeit für seine Tochter freizuschaufeln. Kein Wunder, dass er die schnellen Haarkünste auf der Münchener Straße schätzt, um Zeit zu gewinnen. An sein Haar lässt der Oberbürgermeister nur Meister Erhek heran. Mit Schere, Rasiermesser für das Nackenhaar und sogar mit Feuer zur Entfernung des haarigen Gewusels im

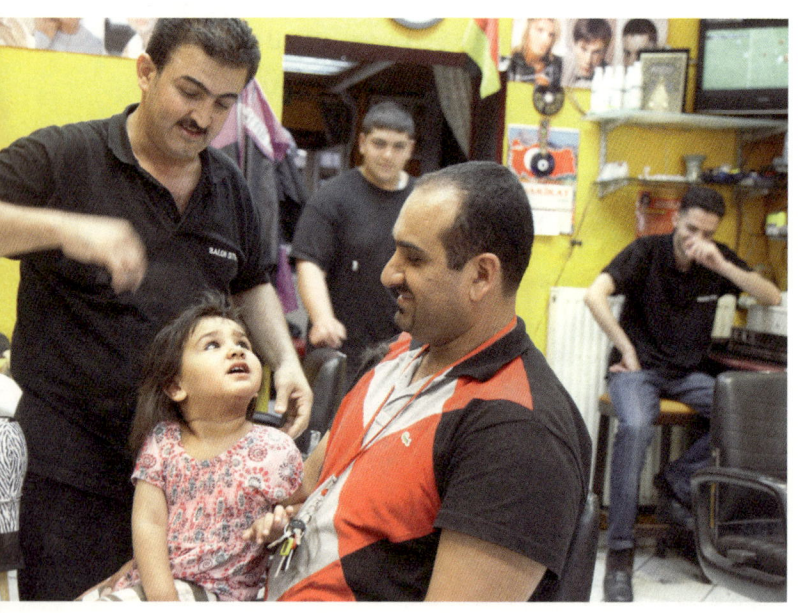

Einer der ganz seltenen weiblichen Kunden

206

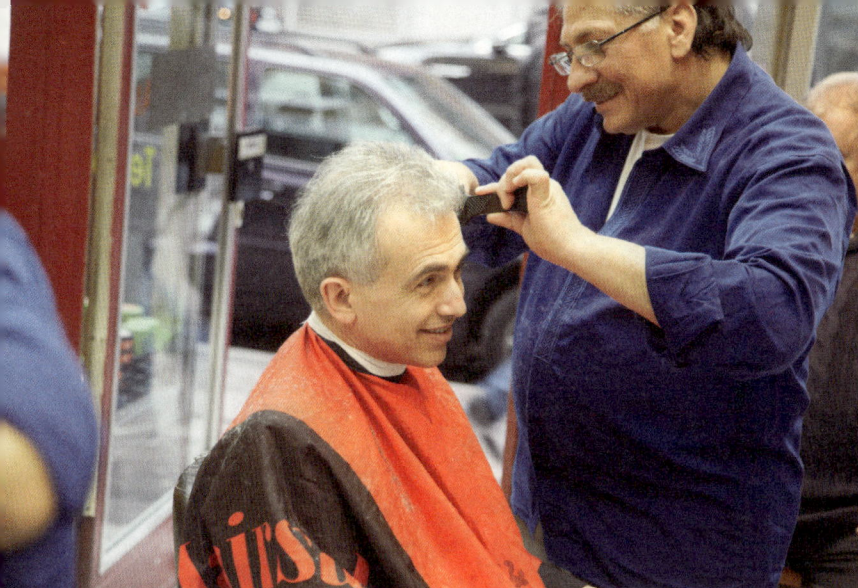

Oberbürgermeister Feldmann ist Stammkunde

Ohr. Als Stammkunde liebt er das bunte Treiben im Bahnhofsviertel. Und das nicht erst, seit er in Amt und Würden ist. Manchmal lässt er sich im Salon City auch die Augenbrauen zupfen. Das ist ein bisschen schmerzhaft, aber auch effizienter als sie zuhause zu schneiden.

| | |
|---|---|
| Tradition: | ***** |
| Effizienz: | ***** |
| Tipp: | Rasur mit Rasiermesser und Rosenwasser |
| Highlight: | Haarschnitt 10,00 Euro |
| Adresse: | Münchener Straße 33 |
| Telefon: | 069 259 266 |
| Öffnungszeiten: | montags bis samstags, 8 bis 20 Uhr |

# Rätselhaftes Afrika

„Big Mama"

„Big Mama, Kundschaft ist da", ruft der sonnenbebrillte Schwarze in den kleinen Laden schräg gegenüber vom Hauptbahnhof. Aus der Tür tritt eine dunkelhäutige Frau mit schwarz-rot gesträhnten Haaren, vollen Lippen und stolzen Gesichtszügen. Ihr Blick scheint alle Rätsel Afrikas widerzuspiegeln. Eigentlich heißt die Nigerianerin Adeken Blumöhr, aber im Bahnhofsviertel nennen sie alle wie ihren African Shop: Big Mama. Ihr Sortiment ist ein typisches Sammelsurium, wie es Kunden aus Nigeria, Ghana und Kamerun von zuhause kennen: Perücken, Haarteile und abertausende bunte Accessoires als Haarschmuck in Kombination mit afrikanischen Tuchkleidern sowie getrocknetem oder tiefgekühltem Fisch, Gemüse und Teigwaren. „Der Laden bietet meinen Landsleuten ein kleines Stück Heimat", beschreibt sie ihr Geschäft.

Zu ihren Spezialitäten gehören typisch nigerianische Köstlichkeiten wie pikante Pfeffersuppe und Kürbiskernsuppe. Wer es gerne scharf mag, kaut Alligator-Pfeffer. Yams, eine wurzelartige, der Kartoffel ähnliche tropische Pflanze gehört ebenfalls zum Sortiment. Afrikaner kochen daraus Klöße oder rühren mit Kochbananen und Maniok festen Fufu-Brei an. In den Kühlschränken stehen der Palmen-Wein „Palmi" und nigerianisches „Star-Beer" aus Sorghum-Hirse. Weiter hinten liegen weiße Calcium-Steine in allen möglichen Größen. „Für Schwangere, um die Knochen ihrer Babys zu stärken und ihren Körper zu reinigen", sagt Big Mama. Beim Betrachten ihrer wohlgeformten Lippen und Haarpracht kommt man ins Grübeln: Farbige Frauen lieben glatte Haarteile und Perücken, um europäisch zu wirken. Hingegen las-

Fufu-Brei aus Afrika

Big Mama hat alles

sen sich europäischen Frauen die Lippen aufspritzen, um
wenigstens ein bisschen so wie Big Mama auszusehen.
Viele wollen offenbar immer das, was sie gerade nicht
selbst haben.

| Erlebnis: | ***** |
|---|---|
| Exotik: | ***** |
| Öffnungszeiten: | montags bis freitags 10 bis 19 Uhr, |
| | samstags 10 bis 18 Uhr |
| Tipp: | Alligator-Pfeffer probieren |
| Highlight: | Big Mama |
| Adresse: | Wiesenhüttenplatz 39 |
| Telefon: | 069 / 260 103 27 |

# Urlaub vom Mannsein

Transnormal

„Ich hab ein kleines Lädchen, das macht aus Buben Mädchen", bringt Manuela Mock ihr einzigartiges Geschäftsmodell auf den Punkt. In ihrem Lädchen „Transnormal" werden aus Kunden für ein, zwei oder drei Tage Kundinnen. Zu ihr kommen Männer aus ganz Deutschland und von jenseits der Landesgrenzen: Automechaniker, Fernfahrer, Politiker, Chirurgen, Psychologen, kurzum Männer aus allen Berufen. „Es ist nie zu spät, eine Frau zu sein", ist das Motto der bekannten Blondine mit den hochtoupierten Haaren. Die Männer sind zwischen 18 und 80 Jahren alt. Viele führen ein ganz normales Leben mit Familie, Kind, Kegel und Beruf. Gemeinsam teilen sie die Leidenschaft, einen Teil ihres Lebens – mit oder ohne Wissen von Ehefrau oder Partnerin – in der

Rolle einer Frau zu verbringen. Alter spielt dabei keine Rolle; Statur und das Aussehen ebenfalls nicht.

Manuela schenkt ihren Kunden mit viel Geschick ein professionelles Make-up und verleiht maskulinen Körpern mit den passenden Utensilien weibliche Kurven. „Das ist Urlaub vom Mannsein – sonst nichts", beschreibt sie ihr Werk. Währenddessen plaudert sie vor dem Schminkspiegel über Enthaarungsmethoden, Modetrends und darüber, wie ein betont weiblicher Gang das Bild einer schönen Lady komplettiert. Wenn sie ihrer „Kundin" zum Schluss der Verwandlung die passende Perücke aufsetzt, ist der Zauber perfekt. Dann ist aus dem Erich die Erika und aus Manfred die Melanie geworden.

Beim Frausein auf Zeit kommt es weniger auf sexuelle Hintergründe an. Viel wichtiger ist es für die Männer, sich als Frau zu erleben. Am Schaufenster vorbei zu stöckeln, sein Spiegelbild zu betrachten, die Haltung ein bisschen zu korrigieren und zufrieden weiterzulaufen. „Jetzt bin ich Gloria", strahlt eine von Manuelas Kundinnen. „Würde

Erfolgreiche Verwandlung

Jetzt fehlt nur noch die Perücke

mir diese Frau in der Stadt begegnen, sie würde mich kei-
nes Blickes würdigen. Heute gehört sie allein mir." Bei
Manuela ist alles transnormal, und das ist gut so.

| | |
|---|---|
| Abenteuer: | ***** |
| Selbsterfahrung: | ***** |
| Preise: | von 51,00 Euro (Schminken) bis 188,00 Euro (komplettes Styling) |
| Tipp: | ausprobieren (und wenn es an Fastnacht ist) |
| Highlight: | einmal als Frau durchs Leben gehen |
| Telefon: | 069 256 678 37 |
| Adresse: | Baseler Platz 8 |
| Öffnungszeiten: | dienstags bis freitags 11 bis 18 Uhr, samstags von 11 bis 16 Uhr und für die „scheuen Rehlein" auch nach Vereinbarung |
| Informationen: | www.transnormal.de |

# Von Polizei umzingelt

**49.**

Cream Music

Die coolste Truppe im Bahnhofsviertel ist die Familie Hahn: zweimal zwei Brüder, die in vierter (!) Generation einen schon 1904 eröffneten Kultladen führen. Das legendäre Geschäft heißt heute „Cream" und schreibt immer wieder Musikgeschichte. Dort feierten Gitarren Deutschland-Premiere, von denen die meisten Musiker hierzulande nur geträumt hatten: etwa die legendäre „Stratocaster" des Gitarrenbauers Fender und die Gibson „Les Paul". Beide waren hierzulande meist nur auf Plattencovern mit Jimi Hendrix und Led Zeppelin bekannt. Auch die erste in Deutschland verkaufte Hammond-Orgel lieferte die Familie Hahn aus.

Heute heißen die Chefs des urigen Musikparadieses Bernie, Robert, Stefan und Martin Hahn. Sie haben eines gemeinsam: Urgroßmama Babette Hummel, deren Namen das Geschäft früher trug. Markenzeichen sind bis heute eine vorsintflutliche Registrierkasse Jahrgang 1927 und ein uraltes Plüschsofa. Die aufsehenerregendste Rechnung des grünen Kassenungetüms galt einer Gitarre, die Elvis Presley kaufte. Der damals als US-Soldat in der Wetterau stationierte Rock'n'Roller wartete draußen mit Sonnenbrille im Taxi, um am Hauptbahnhof keinen Aufstand kreischender Fans zu riskieren. Im roten Plüschsofa versanken schon Rory Gallagher, Billy Idol und viele andere Rockstars.

Bekannt wurde der Name Cream durch das gleichnamige Recording Studio der Familie. Die Cream-Gästeliste liest sich wie ein Who-is-Who der Topmusiker: Frank Sinatra und Sammy Davis Junior, The Rolling Stones, Police, Albert und Emil Mangelsdorff gaben sich die Türklinke in die Hand. Deutsche Stars wie Nena, Snap und Sven Väth nahmen dort Schallplatten auf. Heute besteht Cream-Music aus zwei kultigen Läden, die nur wenige Häuser auseinanderliegen. Die Taunusstraße 43 ist ein Eldorado für Gitarristen, Bassisten und Keyboarder. Dort stehen auch die mächtigen Verstärker- und Gesangsanlagen. Im urigen Percussion-Center des versteckten Hinterhofkellers der Taunusstraße 49 schwangen schon Charlie Watts und Pete York die Sticks. Nirgendwo in Deutschland war es zuvor möglich, bis zu 12 Schlagzeuge – Gretsch, Slingerland, Ludwig usw. – nebeneinander auszuprobieren.

Das schlagkräftige Percussion-Center beschäftigte auch schon das vierte Polizei-Revier, das gleich um die Ecke am Wiesenhüttenplatz sein Domizil hatte. Als Mitarbeiter des

... druckte schon die Elvis-Rechnung aus

Drummers Paradise

Musikgeschäfts mit dem Schlagbohrer neue Regale an der betonharten Kellerwand befestigten, sahen sie sich plötzlich von schwerbewaffneten Polizisten umzingelt. Sie hatten nicht an den Tresorraum im Keller der benachbarten Deutschen-Bank-Filiale gedacht. Und so lösten die Erschütterungen der Bohrer Alarm aus. Dies soll aber auch das Einzige gewesen sein, was die coole Truppe der Gebrüder und Cousins Hahn jemals erschüttert hat.

| | | |
|---|---|---|
| Einkaufserlebnis: | ***** | |
| Kult: | ***** | |
| Atmosphäre: | ***** | |
| Tipp: | „Bernie" fragen, wie es früher war | |
| Highlight: | Percussion-Center und Gitarrenparadies | |
| Adresse: | Taunusstraße 43 und 49 | |
| Telefon: | Drums & Percussion | 069 235 621 |
| | Gitarre & Bass | 069 234 536 |
| | Recording & PA | 069 235 296 |
| Informationen: | http://www.cream-music.com | |
| Öffnungszeiten: | montags bis freitags 10 bis 19 Uhr, samstags 10 bis 18 Uhr | |

# Musik aus der Rille

Tactile Records

M usik aus der Rille ist die Passion von Klaus Matthias Maier. „Von A wie Abba bis Z wie Zappa nur ohne Abba und Zappa" reicht nach seinen Worten das Angebot des Schallplattenshops „Tactile" in der Kaiserpassage. Das Lädchen liegt ein bisschen versteckt zwischen Orlandos High Heel Palace und einem afghanischen Supermarkt. Doch auf eine exponierte Lage kommt es dem 43 Jahre alten DJ nicht an. Er ist in der Musikszene eine feste Größe – als wandelndes Musiklexikon und als Discjockey von kleinen feinen Underground-Partys bis hin zu großen Kulturevents, etwa im Städel. Seit November 2010 hält er das größte Angebot von Schallplatten und Musikkassetten weit und breit

bereit. Von Afro-Rhythmen über Rock, Blues und Electronica bis hin zu Jazz ist alles da. Hinzu kommen analoge Hi-Fi-Anlagen von Dual, Telefunken und anderen Hi-Fi-Marken aus Großvaters Zeiten zum Abspielen der Raritäten.

Warum begeistern sich Kunden im Alter von 17 bis 70 für Schallplatten? Zumal das Abspielen von CDs bzw. das Streaming von Musik aus dem Internet viel günstiger und einfacher ist. „Klangfülle und Klangtiefe sind einfach besser", sagt er. „Jeder Musikliebhaber hört das sofort." Für Maier stehen digitale und analoge Tonträger etwa im gleichen Verhältnis wie ein Discount-Markt zum Feinkostladen. Eine Platte aus dem Album nehmen, sie vorsichtig auf den Plattenspieler zu legen, damit sie keine Kratzer bekommt, das „ist ein Ritual, das hat Wertigkeit", sagt er. Seine Begeisterung gilt auch den Cover-Designs auf den großen Plattenhüllen. „Der oftmals hohe künstlerische

Vinyl satt

Afro, Rock, Blues, Electronica, Jazz

Anspruch des Album-Covers kommt auf einer Platte ganz anders zur Geltung als auf einer kleinen Compact Disc oder den Symbolen im Web." Für Maier hat Musik von der Schallplatte eine Seele. Deswegen passt sein Laden auch so gut in das beseelte Bahnhofsviertel.

| | |
|---|---|
| Lage: | ***** |
| Angebot: | ***** |
| Tipp: | Lieblingsplatte anhören |
| Highlight: | größte Schallplattenauswahl weit und breit |
| Adresse: | Kaiserpassage Laden 14, Kaiserstr. 62-64 |
| Telefon: | 069 153 428 96 |
| Öffnungszeiten: | dienstags bis freitags 14 bis 20 Uhr, samstags 12 bis 18 Uhr |
| Informationen: | www.tactilemusic.de |

# Der Autor

Über seine Fotoprojekte im Bahnhofsviertel berichten ARD, ZDF und viele andere Sender. Mit seinen spannenden Bildvorträgen über die Frankfurter Skyline gastiert Ulrich Mattner u.a. bei Vorstands-Events der Deutschen Bank, dem Frankfurter Wolkenkratzerfestival oder der „Nacht der Museen". Für die STERN-Reportage „Blendende Aussichten bei guten Geschäften" zeichnete ihn der Frankfurter Presseclub gemeinsam mit Stephan Morgenstern mit dem International Media Award aus. Die Fotoserien des ehemaligen F.A.Z.-Korrespondenten und -Fotografen (Rhein-Main-Zeitung) publizieren GEO, Zeit, Spiegel und andere Magazine. Einzelausstellungen zeigte er bereits in Frankfurt, München, Leipzig und anderen Städten.